Collection Alcide Picard

R
20505

NOTIONS D'ÉCONOMIE POLITIQUE

« Cette science ne permet plus qu'on l'ignore ; elle agit et remue le monde ; tel qui n'en soupçonnait pas l'existence, apprendra qu'elle existe en voyant qu'il est enrichi ou appauvri par elle » (Ernest Bersot.)

Auteur
XAVIER TRENEY
Agrégé de l'Université
Professeur au Lycée Janson-de-Sailly
et à l'École Coloniale
Examinateur à l'École des Hautes Études Commerciales

Librairie d'Éducation Nationale
Paris, 11, Rue Soufflot

NOTIONS

D'ÉCONOMIE POLITIQUE

8°R
20505

CET OUVRAGE
DONT LA PROPRIÉTÉ EST RÉSERVÉE, A ÉTÉ DÉPOSÉ
AU MINISTÈRE DE L'INTÉRIEUR

COLLECTION ALCIDE PICARD

Dépôt Légal
Seine
N°....9...52...
1906

NOTIONS D'ÉCONOMIE POLITIQUE

« Cette science ne permet plus qu'on l'ignore ; elle agit et remue le monde ; tel qui n'en soupçonnait pas l'existence, apprendra qu'elle existe en voyant qu'il est enrichi ou appauvri par elle. » (ERNEST BERSOT.)

AUTEUR
XAVIER TRENEY
Agrégé de l'Université
Professeur au Lycée Janson-de-Sailly
et à l'École Coloniale
Examinateur à l'École des Hautes Études Commerciales

PREMIÈRE ÉDITION

LIBRAIRIE D'ÉDUCATION NATIONALE
PARIS, 11, RUE SOUFFLOT

AVANT-PROPOS

Destination de ce livre. — *Ce petit traité s'adresse à ceux qui veulent s'initier aux questions d'Économie politique et qui n'ont pas le loisir de les étudier dans de gros livres.*

Il répond aux programmes des écoles commerciales et industrielles, des écoles normales d'instituteurs et d'institutrices et des écoles primaires supérieures.

Les élèves des classes de philosophie des lycées et collèges y trouveront traitée la partie de leur cours d'histoire qui a pour titre les Doctrines sociales et la législation ouvrière, *et le mal sans doute ne serait pas grand s'ils jetaient par hasard un coup d'œil indiscret sur le chapitre du Crédit ou celui de l'Impôt.*

Peut-être même n'est-il pas trop ambitieux de penser que les étudiants des Facultés de droit pourront s'en servir, du moins pour une revision rapide, car il ne saurait leur tenir lieu des ouvrages beaucoup plus développés de MM. Beauregard, Gide, Leroy-Beaulieu, etc..., qui leur sont indispensables et auxquels nous avons nous-même fait de fréquents emprunts.

Notre but. — *Préoccupé avant tout d'écrire un livre pratique, et voulant d'ailleurs être court, nous n'avons accordé qu'une part très mesurée aux théories purement spéculatives, pour lesquelles nous avons renvoyé à notre recueil des* Grands Économistes des XVIIIe et XIXe siècles ; *et nous avons réservé les longs développements — aussi longs du moins que le comportait la brièveté de notre ouvrage — à l'étude des rapports du capital et du travail, de la coopération, du mécanisme du crédit et des institutions de prévoyance, etc.*

Aussi bien la tendance actuelle de l'Économie politique est plutôt d'étudier la question sociale et les institutions qui ont pour but de la résoudre, c'est-à-dire, suivant l'expression de M. le président de la République dans son discours d'ouverture de l'Exposition universelle de 1900, « *l'effort pour perfectionner l'art de vivre en société* ».

Le rapport de M. Gide sur l'Économie sociale à l'Exposition de 1900, *publié sous le titre d'*Économie sociale, *nous a fourni de précieux renseignements et des statistiques récentes dont nous nous sommes largement servi. Nous nous faisons un devoir et un plaisir d'offrir ici tous nos remerciements à l'éminent professeur.*

X. TRENEY.

NOTIONS D'ÉCONOMIE POLITIQUE

NOTIONS PRÉLIMINAIRES

L'homme et ses besoins. — L'économie privée et l'économie politique.

1. — Les hommes naissent avec des besoins nombreux et variés qui ont leur source dans la nature humaine elle-même. Les uns sont innés, les autres se sont développés avec la civilisation, car plus l'homme est civilisé, plus il a de besoins.

De ces besoins, les uns s'appliquent aux hommes en tant qu'individus, les autres sont propres aux hommes vivant en société. Comme individus, ils ont à se nourrir, à se vêtir, à se loger. Comme citoyens, ils doivent régler leurs mille rapports quotidiens, faire des lois sur la monnaie, le crédit, le travail des manufactures, les impôts, etc.

2. — L'économie privée s'occupe de la satisfaction des besoins de l'individu; l'économie politique, de celle des besoins de la société.

L'économie privée nous apprend à proportionner nos besoins à nos ressources, de façon à nous assurer le plus de bien-être possible dans le présent et dans l'avenir. L'économie politique étudie les phénomènes sociaux et les lois qui les régissent. L'économiste fait pour la société ce que le médecin fait pour le corps humain ; et, de même que le médecin a besoin de connaître le corps humain pour le traiter, la connaissance du corps social est indispensable à l'économiste.

L'économie politique est une science récente, car elle est née seulement dans la seconde moitié du XVIIIe siècle[1]. Elle appartient au groupe des sciences morales, c'est-à-dire qui « étudient l'homme dans les diverses manifestations de sa volonté »[2]. Elle est intimement liée aux autres sciences morales, la philosophie, l'histoire, la politique, la morale et le droit. Elle se sert d'elles et, à son tour, elle leur fournit des indications précieuses. Ainsi, jusqu'au XVIIIe siècle, c'était un axiome de droit international que le profit de l'un est le dommage de l'autre, comme disait Montaigne ; l'économie politique a montré qu'au contraire nul ne perd que les autres ne perdent aussi. Elle est le meilleur auxiliaire de la morale, car elle prêche le travail, l'épargne et la fraternité humaine au nom de l'intérêt bien entendu. L'histoire enfin se demande pourquoi tel État a grandi et tel autre a décliné ; l'économie politique apporte seule une réponse à cette question. Elle n'est ni le droit, ni la morale, ni l'histoire, mais elle éclaire l'histoire, la morale et le droit.

L'Économie politique n'est pas non plus la *statistique*,

1. Assurément, dès que fut constituée la première famille humaine, se posèrent quelques-uns des problèmes que s'applique à résoudre l'économie politique ; et, en effet, étymologiquement, le terme *économie politique*, qu'Aristote a employé pour la première fois, veut dire : les lois qui traitent de l'administration des biens dans la société. Cependant, la science économique est de date récente, parce qu'elle avait besoin d'un régime de liberté civile et même de liberté politique, au moins dans une certaine mesure. C'est avec *Quesnay*, un Français, médecin de Louis XV, que l'économie politique devint une science d'observation et de raisonnement, et elle embrassa alors la science sociale tout entière ; mais son véritable fondateur fut un Anglais, *Adam Smith*, qui, laissant au second plan ce qui se rattache au droit et à la morale, la restreignit à l'étude de la *Richesse des nations*.

2. P. BEAUREGARD, *Éléments d'économie politique*, Alcide Picard, éditeur.

qui se contente d'énoncer des faits dont elle est incapable de rendre compte; « elle est en quelque sorte la philosophie de la statistique, elle lui donne un sens, elle en tire des conclusions[1] ». Toutefois, la statistique lui est indispensable, car rien n'est plus dangereux que les méthodes *a priori* trop souvent employées : « J.-B. Say et plus encore que lui, les Malthus, les Ricardo, les Sismondi, les Rossi ont erré pour avoir cru que le raisonnement était tout en économie politique, ou qu'il suffisait d'y ajouter l'appoint d'une observation sommaire et superficielle. Eh bien, non! les seules vraies lois économiques sont celles que la statistique a contresignées. Même parmi les lois écrites, parmi les lois votées, qu'il s'agisse de finances ou de commerce, de travaux publics ou d'assistance, il n'y a de solides que celles qui se sont inspirées de l'exacte connaissance des faits ; et généralement, cette connaissance des faits en suppose l'analyse économique, telle que savent l'instituer des statisticiens de profession[2]. »

3. — L'économie politique est la science de la richesse, et, sous le nom de richesse, on comprend tous les biens qui servent aux besoins des hommes[3]. Elle se divise naturellement en quatre parties : production, répartition, circulation, consommation de la richesse.

Les phénomènes économiques ne se produisent pas au hasard, mais s'accomplissent avec une régularité presque parfaite, d'après des lois naturelles que l'économie politique dégage et formule. C'est pour cela qu'elle est une science, et une science qu'il n'est pas permis d'igno-

---

1. BAUDRILLART, *Manuel d'Économie politique*. Guillaumin et Cie, éditeurs.

2. M. DE FOVILLE, *Séance publique annuelle des Académies*, 25 octobre 1905.

3. Voir dans notre ouvrage *les Grands Économistes*, p. 248 : JOSEPH DROZ, *En quoi consiste la richesse*. Alcide Picard, éditeur.

rer. « Elle agit et remue le monde ; tel qui n'en soupçonnait pas l'existence apprendra qu'elle existe en voyant qu'il est enrichi ou appauvri par elle. » (Ernest Bersot.)

Son objet n'est pas la science sociale tout entière, mais seulement une branche de la science sociale, celle qui s'occupe d'étudier la nature et la cause de la richesse des nations. Elle apprend comment la richesse est produite, puis répartie entre les producteurs, comment elle s'échange et enfin se consomme. De là ses quatre divisions fondamentales que nous passerons successivement en revue. Nous y ajouterons une cinquième partie, consacrée au rôle de l'État et à la législation financière.

PREMIÈRE PARTIE

LA PRODUCTION

CHAPITRE PREMIER

LES AGENTS DE LA PRODUCTION

La Nature. — Le Travail. — Le Capital.

1. — Produire, c'est créer de la richesse, c'est-à-dire donner de l'utilité aux choses ou augmenter celle qu'elles possèdent déjà.

La production exige le concours de trois agents, ou mieux de trois facteurs : la nature, le travail, le capital.

Le laboureur produit du blé. La nature lui fournit le champ qui est la condition première de sa production, et c'est elle qui fait germer et mûrir les semences qu'il confie à la terre. Le travail, ce sont ses peines, ses efforts de chaque jour. Le capital, ce sont les semences, les engrais, la charrue avec laquelle il fend la terre, et aussi le cheval qui conduit la charrue.

2. — *La nature.* — La nature est le premier facteur de la production, car elle fournit les agents naturels et la matière première de toute production.

L'homme ne saurait créer un atome de matière ; il ne fait qu'utiliser les forces naturelles, chutes d'eau, chaleur du soleil, électricité, etc., ainsi que les plantes et les animaux que la terre nourrit, et les métaux qu'elle recèle dans son sein.

3. — *Le travail.* — C'est le travail de l'homme, ce sont ses efforts physiques, intellectuels et moraux qui approprient à ses besoins les agents naturels et par là les rendent utilisables.

Bien que facteur indispensable de la production, la terre ne joue qu'un rôle passif ; toute l'utilité vient du travail de l'homme. Sur une terre naturellement fertile, où les biens naturels sont abondants, des sauvages vivent misérables, parce qu'ils ne peuvent ou ne veulent travailler pour transformer ces biens naturels. « Allez dans les pays où l'homme n'a pas encore fait son œuvre ; vous y trouverez des arbres, peut-être des chênes avec des glands et des plantes sauvages. Vous n'y trouverez ni maisons, ni bestiaux, ni blé ni fruits, ni légumes, ni outils pour faire tout cela. Toutes ces choses sont le résultat du travail[1]. »

Il est vrai que la nature fournit d'elle-même à certains besoins rudimentaires de l'homme, comme la respiration ; mais ses dons sont rarement gratuits, et il y faut presque toujours joindre le travail de l'homme. La nature fournit bien la chute d'eau, mais pour que cette chute d'eau soit utile, pour qu'elle ait de la *valeur*, suivant le terme consacré, l'homme doit l'*approprier*, c'est-à-dire la rendre utilisable. Ce n'est qu'au prix des plus grands efforts qu'il a fait ses plus puissants auxiliaires des agents naturels, souvent ses ennemis. Il lui a fallu en quelque sorte faire violence à la nature pour qu'elle l'aide dans la production de la richesse, qui est par conséquent le résultat du travail plus que du sol ou du climat.

---

1. Fr. Passy, *les Causeries du grand-père*, p. 38. Alcide Picard, éditeur.

4. — *Le capital.* — **Le capital est un produit du travail et de la nature, épargné et employé à une production nouvelle. Il fournit aux travailleurs les moyens de subsister pendant qu'ils sont à l'œuvre et des outils qui rendent leur travail plus productif.**

Les animaux n'ont à leur disposition que les deux premiers facteurs de la production; mais, sans le capital l'homme serait impuissant. Le sauvage lui-même augmente la force de son poing par l'emploi d'une massue, et il supplée à la faiblesse de ses dents et de ses ongles par l'usage d'un couteau et d'une hache qui, même en silex, lui sont d'un puissant secours. Songez au labeur et aux privations qu'ont coûtés ces misérables outils, car pour les fabriquer, il lui a fallu par des réserves de nourriture s'assurer du loisir.

Plus le capital grandit, moins précaire devient l'existence humaine. « Les premières fileuses ont tordu l'étoupe avec leurs doigts, sans autre outillage. Ce qu'elles gagnaient à ce métier-là, je vous le laisse à penser. Le jour vint cependant où quelqu'une de ces infortunées épargna sur ses gains le prix d'un fuseau. Un fuseau ! petit capital ! qui aide cependant, et qui rapporte. Sur les humbles produits du fuseau, on économise à la longue le prix d'un rouet. Et plus tard, quand l'épargne a créé les gros capitaux, vous voyez, rien qu'en Angleterre, 30 millions de fuseaux tourner tout seuls, et produire plus de fil en un jour que toutes les fileuses du monde n'en pourraient tordre en dix ans avec leurs doigts. Or, il ne faut que 450 000 personnes pour diriger ces 30 millions de fuseaux ; donc chaque travailleur, homme, femme ou enfant, en conduit 66 en moyenne. Et si vous tenez compte de la rapidité vertigineuse de ce travail et de sa perfection féerique, vous verrez que la production quotidienne de l'individu n'est pas seulement multipliée par 66, mais plusieurs fois centuplée, grâce au capital[1]. »

---

1. Ed. About, *l'A B C du travailleur.* Hachette et Cie, éditeurs.

Sans parler des villes où l'accumulation des capitaux est prodigieuse, la campagne elle-même est peuplée de capitaux dans un pays civilisé : routes, chemins, canaux, digues, maisons, hangars, troupeaux au pâturage, champs défrichés, arbres greffés, que sais-je encore ?

« Le capital, produit du travail, c'est tout ce qui, sous une forme quelconque, rend le travail plus facile ou plus productif. Ce sont les instruments, les ressources accumulées, les provisions qui permettent de songer à l'avenir au lieu d'être absorbé par le présent ; ce sont surtout les connaissances, les idées, les habiletés manuelles, les qualités intellectuelles et les habitudes morales, sans lesquelles les efforts humains se traîneraient dans une perpétuelle routine[1]. »

Le capital, auquel nous devons d'avoir la vie plus facile que ne l'ont eue nos pères, est le fruit de la prévoyance, de l'intelligence et de la frugalité. « Pour se déterminer à former un capital, il faut, en effet, prévoir l'avenir, lui sacrifier le présent, exercer un noble empire sur soi-même et sur ses appétits, résister non seulement à l'appât des jouissances actuelles, mais encore aux aiguillons de la vanité et de l'opinion publique. Il faut encore lier les effets aux causes, savoir par quels procédés, par quels instruments la nature se laissera dompter et assujettir à l'œuvre de la production. Il faut surtout être animé de l'esprit de famille, et ne pas reculer devant des sacrifices dont le fruit sera recueilli par les êtres chéris qu'on laissera après soi. Capitaliser, c'est préparer le vivre, le couvert, l'abri, le loisir, l'instruction, l'indépendance, la dignité aux générations futures[2]. »

5. — Le rapport entre les trois facteurs de la production se modifie suivant la nature des occupations; et tour à tour, à mesure que se développe la civilisation,

---

1. FR. PASSY, ouvrage cité, p. 60.

2. Voir dans *les Grands Économistes*, p. 334 : BASTIAT, *Éloge du Capital*. Alcide Picard, éditeur.

la nature d'abord, puis le travail, enfin le capital tiennent la première place[1].

Les hommes ont d'abord été pêcheurs et chasseurs, puis pasteurs, quand l'idée leur fut venue de domestiquer des animaux et d'en former des troupeaux. La forêt, les eaux et les pâturages fournissent alors spontanément la nourriture à une population clairsemée vivant d'une vie misérable et en proie à tous les fléaux naturels.

Quand la découverte des premiers procédés de culture les amène à se fixer sur le sol et à l'exploiter régulièrement, ils deviennent agriculteurs; et, peu à peu, l'invention des outils les transforme en peuples industriels. C'est l'âge de la petite industrie où la main-d'œuvre joue le principal rôle et où la société paraît comme immobile tant est lente son évolution.

Enfin, le capital devenu plus abondant et plus varié va dominer le monde. Par lui la culture se transforme, des manufactures s'élèvent de toutes parts, la petite industrie fait place à la grande production et l'emploi des machines remplace peu à peu le travail manuel. En un mot, nous avons là les traits caractéristiques d'une société qui est la nôtre et qui marche à pas de géants dans la voie du progrès. Assurément, le travail humain n'a pas disparu, mais il s'est transformé. Il ne serait pas exact non plus de dire que le rôle de la nature ait diminué ; du moins elle obéit davantage à l'homme. Plus instruit et mieux armé, il va chercher les minéraux utiles dans les entrailles du sol et il commande non seulement aux vents et aux flots, mais déjà à la vapeur et à l'électricité.

---

1. Voir dans *les Grands Économistes*, p. 418 : WOLOWSKI, *Action simultanée des trois facteurs de la production*.

CHAPITRE II

LE TRAVAIL

Travail intellectuel. — Travail manuel. — Division du travail. — Les machines. — Le travail des enfants et des femmes dans l'industrie.

1. — Le travail, c'est l'effort volontaire de l'homme; c'est une peine prise en vue d'un résultat à atteindre.

Le même acte peut être ou non un travail, suivant le but qu'on se propose. Ainsi, la marche est un simple plaisir pour le promeneur, et c'est un travail pour le facteur des postes. L'économie politique ne considère comme travaux que les actes qui supposent une peine prise d'une façon suivie, en vue d'obtenir un certain résultat. Travailler est pour l'homme une loi naturelle et par conséquent un devoir en même temps qu'un droit.

2. — Tout travail suppose une coopération des forces musculaires et des forces intellectuelles. Selon que l'une ou l'autre action prédomine, le travail est dit *manuel* ou *intellectuel.*

Le travail a d'abord été surtout musculaire ou manuel. Plus il s'est perfectionné, plus la part de l'intelligence est devenue grande. En réalité, travail musculaire et travail intellectuel ont augmenté l'un et l'autre par suite de la civilisation ; mais le travail musculaire est de plus en plus dirigé par le travail intellectuel, et toute industrie devient science. L'homme s'efforce d'obtenir le plus de satisfactions avec le moins d'efforts ; c'est la loi de l'*économie des forces* ou du moindre effort.

3. — *Travail intellectuel.* — Le travail intellectuel ne transforme pas directement la nature. Son but est de mettre à même de la transformer. Tel est le travail du professeur, du médecin, du juge, de l'inventeur.

De semblables travaux n'ont pas un résultat matériel et immédiat ; mais l'inventeur qui découvre de nouveaux procédés de fabrication, le savant qui dote l'humanité de quelque invention utile, sont des travailleurs au même titre que les ouvriers manuels ; leur peine n'est pas moindre et leurs travaux ont souvent des résultats plus durables. Lorsqu'un Pascal invente la brouette, il accomplit un travail d'une utilité pour ainsi dire illimitée :

« Celui qui a planté un arbre avant de mourir n'a pas vécu inutile. C'est la sagesse indienne qui le dit. L'arbre donnera des fruits, ou tout au moins de l'ombre à ceux qui naîtront demain affamés et nus. Celui qui a planté l'arbre a bien mérité ; celui qui le coupe et le divise en planches a bien mérité ; celui qui assemble les planches pour en faire un banc a bien mérité ; celui qui s'assied sur le banc, prend un enfant sur ses genoux et lui apprend à lire, a encore mieux mérité que les autres. Les trois premiers ont ajouté quelque chose au capital commun de l'humanité ; le dernier a ajouté quelque chose à l'humanité elle-même. Il a fait un homme plus éclairé, c'est-à-dire meilleur[1]. »

4. — *Travail manuel.* — Le travail manuel est directement productif, puisqu'il a pour but de transformer la nature ; il est aussi le plus directement utile et ne mérite pas le mépris dans lequel l'ont tenu l'antiquité et le moyen âge : ouvriers des champs et ouvriers d'indus-

1. Ed. About, *le Progrès*. Hachette et Cie, éditeurs.

trie sont indispensables à la société qui ne pourrait subsister sans leur concours.

L'industriel qui rassemble des travailleurs, l'ingénieur qui assure la bonne marche de l'usine, le commerçant qui facilite l'écoulement des produits ne contribuent pas moins à la prospérité de la maison que les ouvriers proprement dits. Tous sont les ouvriers de la même œuvre. Il ne faut pas méconnaître le mérite des premiers; mais il serait souverainement injuste de mépriser l'œuvre des autres, parce que leur travail est surtout musculaire. Cependant, on les a longtemps considérés comme d'essence inférieure et ce mépris du travail manuel persiste peut-être encore chez quelques esprits arriérés. C'est un reste des vieux préjugés de l'aristocratie qui considérait aussi le commerce comme indigne d'un homme bien né; il disparaîtra avec d'autres préjugés qui ont la même origine, et d'autant plus rapidement que la part faite à l'intelligence l'emportera sur celle de la force musculaire. Déjà ce n'est plus un mérite pour un homme de ne faire œuvre de ses dix doigts.

« Je trouve peu de différences, sous le rapport de la dignité, entre les diverses occupations des hommes. Quand je vois un commis passant des journées à additionner des chiffres, peut-être seulement à copier, un caissier comptant de l'argent, un marchand vendant des souliers, cela ne me semble pas plus respectable que de fabriquer du cuir ou des meubles. Je n'y vois pas plus d'activité intellectuelle que dans les autres métiers. L'homme des champs me semble avoir, dans son travail, plus de chances de perfectionnement que celui qui vit derrière un comptoir, ou qui fait courir sa plume. C'est la marque d'un esprit étroit que de s'imaginer, comme on paraît le faire, qu'il y a incompatibilité entre l'extérieur simple et rude de l'ouvrier et la culture de l'esprit[1]. »

1. CHANNING, *Œuvres sociales. De l'éducation personnelle.* Fasquelle, éditeur.

5. — Pour que le travail acquière toute sa puissance productive, il lui faut la liberté et la sécurité ; il faut aussi que le travailleur soit consciencieux et intelligent.

L'esclavage fut le principal obstacle au progrès matériel chez les peuples anciens, et l'histoire de l'affranchissement du travail se confond presque avec les progrès de la civilisation humaine : « Les deux États de l'Ohio et du Kentucky ne diffèrent que sur un point. Le Kentucky a admis des esclaves, l'État d'Ohio les a tous rejetés de son sein. Le voyageur qui, placé au milieu du fleuve, se laisse entraîner par le courant, navigue pour ainsi dire entre la liberté et la servitude. Sur la rive gauche, la population est clairsemée, la forêt primitive reparaît sans cesse ; on dirait que la société est endormie, l'homme semble oisif ; la nature seule offre l'image de l'activité et de la vie. De la rive droite s'élève au contraire une rumeur confuse qui proclame de loin la présence de l'industrie ; de riches moissons couvrent les champs ; de toutes parts, l'aisance se révèle, l'homme paraît riche et content : il travaille[1]. » A peine pouvons-nous concevoir aujourd'hui les obstacles que les gouvernements mettaient jadis au travail, persuadés que nous sommes, suivant la belle formule de Turgot, que « Dieu, en donnant à l'homme des besoins, en lui rendant nécessaire la ressource du travail, a fait du droit de travailler la propriété de tout homme ; et que cette propriété est la première, la plus sacrée et la plus imprescriptible de toutes[2]. »

La liberté ne suffit pas au travailleur, il faut encore qu'il soit assuré de jouir du produit de son travail, car, suivant la remarque de Montesquieu, « dans une nation qui est dans la servitude, on travaille plus à conserver qu'à acquérir ; dans une nation libre, on travaille plus

1. DE TOCQUEVILLE, *la Démocratie en Amérique*. Calmann-Lévy, éditeur.

2. Voir dans *les Grands Économistes*, p. 141 : *Édit proclamant la liberté du travail.*

à acquérir qu'à conserver[1] ». Il faut aussi que le travail s'accomplisse dans des conditions suffisantes de salubrité et de sécurité. Enfin, c'est un lieu commun de dire que le travail de l'homme instruit vaut mieux que celui de l'illettré[2], et que l'ouvrier ivrogne et paresseux ne saurait produire qu'une besogne insuffisante et imparfaite.

6. — *Division du travail.* — De tous les procédés imaginés pour augmenter la productivité du travail, il n'en est pas de plus efficace que la division du travail, c'est-à-dire la répartition des tâches entre un grand nombre de travailleurs dont chacun n'exécute qu'une partie de l'ouvrage.

La division du travail se rencontre chez toutes les nations civilisées et dans toutes les classes de la société ; il y a dans chaque village un boucher, un boulanger, un menuisier, et un forgeron. « Pourquoi, dit J.-B. Say, avons-nous des vêtements si bien appropriés aux diverses parties de notre corps ? C'est que ce sont des producteurs différents qui font nos chapeaux, nos habits, nos bas, nos souliers. » Elle existe même dans la famille; car l'homme, la femme, les fils et les filles ont chacun des occupations différentes. Mais quand on parle de division du travail, on songe à la division des tâches dans l'industrie, dont Adam Smith a donné un exemple devenu classique[3] :

« Prenons une manufacture de la plus petite importance, une fabrique d'épingles. Un ouvrier tire le fil à la bobille, un autre le dresse, un troisième coupe la dressée, un quatrième empointe, un cinquième est employé à émoudre le bout qui doit recevoir la tête;... enfin, l'important

---

1. Voir dans *les Grands Économistes*, p. 459 : DE LAVELEYE, *Influence du régime politique sur la productivité du travail.*

2. *Idem*, p. 444 : JULES SIMON, *Fraternité du travail intellectuel et du travail manuel.*

3. *Idem*, p. 101 : *Heureux effets de la division du travail.*

travail de faire une épingle est divisé en dix-huit opérations distinctes ou environ, lesquelles, dans certaines fabriques, sont remplies par autant de mains différentes, quoique dans d'autres le même ouvrier en remplisse deux ou trois. J'ai vu une petite manufacture de ce genre qui n'employait que dix ouvriers.... Cependant, quand ils se mettaient en train, ils venaient à bout de faire entre eux plus de 48 000 épingles dans une journée; donc chaque ouvrier, faisant la dixième partie de ce produit, peut être considéré comme faisant dans sa journée 4 800 épingles. S'ils avaient travaillé tous à part et indépendamment les uns des autres, chacun d'eux assurément n'eût pas fait vingt épingles, peut-être pas une seule dans sa journée. »

La division du travail amène chez les individus la spécialisation des professions et dans les pays la spécialisation des produits, chaque pays s'attachant aux produits qu'il peut le plus facilement fournir, l'un du blé, l'autre du vin, un troisième du coton. On remarquera que loin d'être le triomphe de l'individualisme, une semblable organisation du travail est l'expression la plus nette de la sociabilité humaine.

Au lieu de diviser ainsi le travail à l'infini pour en augmenter la puissance, on arrive parfois au même résultat par un autre procédé connu sous le nom de *travail combiné:* dix hommes unissant leurs efforts déplacent facilement un rocher qu'un seul d'entre eux serait impuissant à remuer, car ce que l'individu ne peut faire seul est rendu facile par l'association.

7. — La division du travail a pour résultat de développer l'habileté professionnelle, de permettre aux ouvriers de se classer suivant leurs aptitudes et leurs capacités, et par suite d'employer les faibles, les enfants et les femmes; enfin, de rendre possible la substitution des machines au travail de l'homme, ce qui amène la multiplication et le bon marché des produits et rend possible la réduction de la journée de travail. Par

contre, l'apprentissage étant très facile, la situation de l'ouvrier est plus instable.

Nul ne conteste les grands avantages que procure à la société la division du travail, et il n'est pas nécessaire d'y insister. Mais on lui a adressé divers reproches plus ou moins fondés. Elle abaisse, dit-on, la dignité de l'homme et annihile son intelligence. « Il est triste, quand on est sur le retour de l'âge, de se rendre à soi-même ce témoignage qu'on n'a jamais su faire que la dix-huitième partie d'une épingle. » Outre que la satisfaction ne serait pas beaucoup plus grande si l'on avait fait l'épingle entière, la vérité est que la répétition d'une tâche uniforme laisse au contraire plus de liberté à l'esprit. Ce qui serait profondément triste, remarque Michel Chevalier, c'est que l'ouvrier fît l'épingle entière et que la division du travail n'existât pas, car alors la même somme de travail donnerait des produits cent fois, mille fois moindres, et une misère universelle serait le lot de l'humanité.

Un autre grief plus sérieux, c'est que l'ouvrier est bien plus dans la dépendance des événements ; et que lorsqu'un pays s'est spécialisé dans une seule production, les crises commerciales y sont particulièrement redoutables. Aussi la division du travail impose-t-elle une grande prévoyance à tous, agriculteurs, industriels et ouvriers.

La division du travail est du reste limitée par l'*étendue du marché* : il ne suffit pas de produire, il faut pouvoir écouler ses produits. Elle l'est aussi, dans bien des cas, par la nature des occupations ; elle est d'une application infiniment moindre dans les travaux agricoles que dans les travaux industriels.

8. — *Les Machines.* — Le travail humain est rendu plus productif par l'emploi d'outils qui, actionnés par nos muscles, augmentent considérablement la force humaine, et de machines qui, mises en mouvement par

un moteur extérieur à l'homme, mettent à son service les forces naturelles, les animaux, l'eau, le vent, la vapeur, l'électricité.

Réduit à la seule force de ses membres, l'homme est faible et impuissant. Aussi, de tout temps, a-t-il suppléé à cette infériorité naturelle en se servant d'instruments divers ; un marteau, une hache, un arc, un filet ont été ses premiers outils. Mais c'est surtout aux machines que sont dus les progrès accomplis par l'humanité. Homère raconte qu'il y avait dans la maison de Pénélope douze femmes occupées à moudre le grain nécessaire à la subsistance de cette maison qui ne représentait pas trois cents personnes, peut-être pas la moitié ; c'était donc une personne sur vingt-cinq, sinon une sur dix employée à cette occupation. Aujourd'hui, un moulin occupant vingt ouvriers réduit en farine le blé nécessaire à cent mille personnes, Un homme suffit à un travail qui en exigeait des milliers dans l'antiquité, et il en est ainsi dans toutes les industries.

9. — Loin d'être contraires aux intérêts des travailleurs, ce que l'ignorance crut d'abord, les machines ont préparé leur émancipation; et en fournissant un travail plus abondant et plus rémunérateur, elles améliorent chaque jour le sort de l'humanité.

Il fut un temps où les ouvriers s'insurgeaient contre les inventions nouvelles et brisaient les machines qui, croyaient-ils, les expropriaient de leur gagne-pain. Erreur grossière :

« Jacques Bonhomme avait deux francs qu'il faisait gagner à deux ouvriers. Mais voici qu'il imagine un arrangement de cordes et de poids qui abrège le travail de moitié. Donc il obtient la même satisfaction, épargne un franc et congédie un ouvrier.

« Il congédie un ouvrier ; *c'est ce qu'on voit.* Mais derrière la moitié du phénomène *qu'on voit*, il y a l'autre moitié *qu'on ne voit pas.* S'il y a dans le monde un ouvrier qui offre ses bras inoccupés, il y a aussi dans le monde un capitaliste qui offre son franc inoccupé. Ces deux éléments se rencontrent et se combinent. Le second ouvrier, payé avec le second franc, réalise une œuvre nouvelle.

« Qu'y a-t-il donc de changé dans le monde? Il y a une satisfaction nationale de plus; en d'autres termes, l'invention est une conquête gratuite, un profit gratuit pour l'humanité. Elle donne pour résultat définitif un accroissement de satisfaction, à travail égal[1]. »

Bien loin de supprimer le travail, les machines le multiplient en suscitant des industries nouvelles. L'imprimerie emploie cent fois plus d'ouvriers qu'il n'y avait jadis de copistes dans les monastères, et l'industrie des transports fait vivre cent fois plus de monde qu'avant l'invention des chemins de fer, car alors gens et denrées ne se déplaçaient guère.

Les machines accroissent le pouvoir de l'homme sur la nature et diminuent le pouvoir de l'homme sur l'homme. Aristote croyait l'esclavage nécessaire, mais il ajoutait qu'il cesserait de l'être le jour où la navette et le ciseau pourraient marcher tout seuls. Cette hypothèse imaginaire a précisément été réalisée par les machines. Écoutez le poète grec Antiparos, célébrant l'invention du moulin à eau :

« Esclaves, qui faites tourner la meule, épargnez vos mains et dormez en paix. C'est en vain que la voix retentissante du coq annonce le matin : dormez. D'après l'ordre de Cérès, la besogne des filles est faite par les naïades, et maintenant celles-ci bondissent, brillantes et légères, sur la roue qui tourne. »

Grâce aux machines, l'esclavage a pu être supprimé ; leur développement accélère chaque jour l'émancipation des travailleurs, et comme le reconnaît le socialiste

---

1. Voir dans *les Grands Économistes*, p. 327 : BASTIAT, *les Machines sont un bien pour la société.*

allemand Karl Marx, « avec ces esclaves de fer, le bonheur de tous est rendu possible ».

La machine, en effet, accomplit tout le travail pénible, ne laissant plus qu'un travail de direction à l'homme devenu le contremaître de la nature, de simple manœuvre qu'il était auparavant. Bien plus, ce travailleur de fer ne mange pas, ou du moins on peut le nourrir à meilleur compte que des hommes, et ce qu'on économise sur son entretien ne cause aucune souffrance à l'humanité. C'est d'ailleurs une erreur de croire que la machine réduise l'homme à un rôle mécanique ; au contraire, plus la machine est perfectionnée, plus il faut un ouvrier habile pour la conduire.

Il est vrai que ces résultats heureux ne sont pas toujours obtenus sans souffrances, et que les machines causent parfois des ruines locales. Tandis que l'outil accroît la puissance de l'homme sans déplacer le travail, les machines le déplacent, suppriment le travail aux ouvriers sur un point et le transportent aux ouvriers établis en d'autres lieux. C'est là la rançon de tout progrès. D'ailleurs, les bouleversements qui se sont produits il y a un siècle, alors que les machines luttaient contre la main-d'œuvre humaine, ne se produisent plus de nos jours avec la même intensité. Toutes les industries sont en possession de machines qui résistent bien plus facilement à une machine nouvelle, et la transition est rendue moins pénible.

C'est dans les contrées où la mécanique est dans l'enfance que le sort du plus grand nombre est digne de la plus profonde pitié. C'est là que le travail est incertain, que l'ouvrier est voué à des labeurs écrasants et sans fin, que son intelligence est étouffée par l'ignorance[1]. Dans les pays au contraire où les machines sont développées, il y a plus de produits avec moins d'efforts, et l'homme cessant d'être écrasé par la matière peut

1. Voir dans *les Grands Économistes*, p. 355 : Michel Chevalier, *Ce que serait une société où n'existeraient pas les machines.*

participer aux plaisirs de l'intelligence et se cultiver lui-même tandis que les éléments travaillent pour lui. Grâce aux machines, la durée de la journée de travail a pu être diminuée et elle le sera encore davantage[1].

10. — *Le travail des enfants et des femmes.* — **Le travail des enfants et des femmes dans l'industrie est soumis à une réglementation spéciale que des inspecteurs du travail ont mission de faire appliquer.**

La liberté du travail est aujourd'hui la règle dans l'industrie. Toutefois, l'État a des devoirs à remplir pour empêcher que cette liberté ne dégénère en abus, et l'on conçoit très bien que la législation s'occupe de la durée du travail[2], des conditions de salubrité dans lesquelles il s'effectue, du travail de nuit, du repos hebdomadaire. Surtout l'État a le droit et le devoir de prendre sous sa sauvegarde les faibles, les enfants et les femmes.

En ce qui concerne les enfants, presque tous les peuples civilisés sont d'accord pour interdire de les employer dans les usines avant un certain âge : douze ans en Angleterre, quatorze ans en Suisse, treize ans en France, sauf quand l'enfant a obtenu avant cet âge le certificat d'études primaires. De même on les écarte des occupations dangereuses, et on limite la durée de

1. Autre considération qui a sa valeur : en Amérique et en Angleterre, c'est-à-dire dans les deux pays où le génie de la mécanique est le plus développé, grâce aux machines, les femmes sont complètement affranchies des travaux de force.

2. C'est la France qui a donné l'exemple par la loi de 1848 qui fixa à douze heures la durée de la journée de travail. Elle est aujourd'hui de dix heures, d'après la loi du 30 mars 1900 ; mais cette loi n'est appliquée que dans les ateliers mixtes, c'est-à-dire dont une partie du personnel est constituée par des femmes et par des enfants. Les ouvriers ont engagé une vive campagne pour arriver à la journée de huit heures. Déjà la loi du 29 juin 1905, relative à la durée du travail dans les mines, qui doit être réduit à neuf heures dès la fin de 1905, à huit heures et demie au bout de deux ans et à huit heures dans quatre ans, peut sembler un acheminement vers la journée de huit heures dans l'industrie.

leur journée de travail. Jusqu'à quatorze ans, elle ne peut dépasser six heures.

Quant au travail de la femme, la question est plus délicate. Il semble qu'à une époque où l'on parle tant de l'égalité des sexes, et où l'on réclame, à juste titre, l'émancipation de la femme, il ne devrait pas y avoir de réglementation spéciale, d'autant plus que fermer aux femmes la porte des usines, ce que certains voudraient, c'est presque les mettre dans l'impossibilité de gagner honnêtement leur vie. Mais la femme est dans des conditions particulières ; mère de famille, elle a des devoirs spéciaux à remplir, et sa vraie place est à la maison, non à l'atelier. Toutefois, comme les trois quarts des familles ouvrières ne peuvent subsister par le seul travail du père de famille, force est bien de permettre à la femme de travailler, et l'on a abouti à une transaction. La loi n'interdit pas aux femmes le travail dans les ateliers, mais elle le réglemente dans l'intérêt de l'hygiène et de la moralité. Elle limite la journée de travail, interdit le travail dans les mines, ainsi que le travail de nuit, sauf exceptions qui sont d'ailleurs l'occasion de nombreux abus; enfin, parfois une disposition spéciale, qui malheureusement n'existe pas encore dans la loi française, prescrit l'interruption du travail pendant quelques semaines avant et après l'accouchement[1].

1. Voir dans *les Grands Économistes*, p. 337 : LÉON FAUCHER, *le Marché aux enfants en Angleterre*.

CHAPITRE III

LE CAPITAL

Ses différentes formes. — Ses divisions : capital fixe et capital circulant. — Outillage industriel; approvisionnements. — Union du capital et du travail; ses résultats.

1. — *Différentes formes du capital.* — Le capital affecte les formes les plus diverses ; il y a des capitaux matériels et des capitaux immatériels, des capitaux productifs de richesse et des capitaux improductifs.

Nous savons déjà ce qu'est le capital et le rôle qu'il joue dans la production. Si nous voulons maintenant l'étudier en lui-même, nous verrons qu'il affecte des formes extrêmement variées. Le capital d'une nation se compose tout d'abord d'un fonds matériel et d'un fonds immatériel. C'est au premier qu'on réserve généralement le nom de *capital ;* mais la somme des bonnes habitudes, des inventions, des connaissances de toutes sortes est pour un pays une richesse incalculable, qui se transmet et s'accroît par l'instruction et qui est d'autant plus précieuse que c'est celle dont la perte se répare le plus malaisément. Les talents acquis, l'habileté, l'éducation sont donc des capitaux, puisqu'ils contribuent dans une large mesure à la production des richesses, mais ce sont des *capitaux immatériels.* Ce ne sont du reste pas les seuls : une marque de fabrique, la clientèle d'un établissement commercial, le crédit dont jouit un industriel, la probité commerciale d'une nation sont aussi des capitaux immatériels.

Quant au fonds matériel, il est constitué d'abord par les approvisionnements de toute nature destinés à l'existence des producteurs. C'est ce qu'on appelle le *fonds de consommation*. Il comprend, en outre, les matières premières nécessaires à la production et les produits fabriqués, les animaux de travail, les outils et les machines de toutes sortes, l'argent en caisse, les constructions servant à l'agriculture ou à l'industrie, le sol cultivé que les améliorations ont fait passer de la classe des agents naturels dans celle des capitaux, etc.

Certains capitaux, et ce sont de beaucoup les plus nombreux, sont productifs, tels sont ce champ couvert d'épis, ce moulin dont la roue tourne sous l'action de l'eau, cette usine où se presse une multitude de travailleurs affairés. D'autres, au contraire, un champ en friches et couvert de broussailles et de mauvaises herbes, une fabrique inactive, une maison inoccupée sont des capitaux improductifs, puisque le propre du capital est de contribuer à la formation de richesses nouvelles.

Enfin, si tout capital est une richesse, toute richesse n'est pas un capital ; bien plus, une même richesse peut être un capital ou ne pas en être un, suivant l'usage qu'on en fait : le cheval que son propriétaire attelle le matin à une charrue est un capital ; mais le même cheval attelé le soir à une voiture de luxe, cesse d'être un capital et n'est plus qu'une jouissance, un revenu.

2. — *Capital fixe et capital circulant*[1]. — Tout capital est consommé plus ou moins rapidement, d'où deux grandes classes de capitaux : 1° les *capitaux circulants*, du blé qu'on sème, du lin qu'on file, qui ne peuvent servir qu'une fois, parce qu'ils périssent dans l'acte même de la production ; 2° les *capitaux fixes*, un outil, un canal ou un chemin de fer, qui ne disparaissent pas à chaque production, mais peuvent servir à des opérations successives.

---

1. Voir dans *les Grands Économistes*, p. 114 : ADAM SMITH, *Capital fixe et capital circulant*. Alcide Picard, éditeur.

La nourriture, les vêtements, les combustibles, le fonds de roulement, les matières premières, les produits fabriqués, sont des capitaux circulants, car ils se transforment rapidement et leur utilité périt par la consommation personnelle de l'homme. Au contraire, les outils, les machines, les navires, les usines, les chemins de fer, les améliorations incorporées au sol sont des capitaux fixes, parce qu'ils durent longtemps et servent un grand nombre de fois à la formation de richesses nouvelles.

« Entrons dans une filature au moment où la fabrication va commencer. A cet instant, l'entrepreneur possède des capitaux qu'il se prépare à employer : bâtiments, machines, métiers, outils, voitures, etc., et aussi : coton, huile, charbon, etc. La production achevée, que constaterons-nous ? C'est qu'il n'y aura plus ni coton, ni huile, ni charbon, tandis que les bâtiments, les machines, les outils, les voitures seront encore aptes à faciliter de nouvelles opérations. Le coton, l'huile, le charbon étaient les capitaux circulants de l'entreprise ; les bâtiments, les machines, les outils, les voitures en sont les capitaux fixes[1]. »

La distinction n'est pas toujours facile à faire entre les deux classes de capitaux. Assurément un pain est un capital circulant et un moulin est un capital fixe ; mais il est moins aisé de se prononcer pour un sac de farine, qui peut durer dix ans. Contentons-nous de dire qu'un capital est d'autant plus fixe qu'il dure plus longtemps et d'autant plus circulant qu'il demande à être plus souvent remplacé. Nous ajouterons que tel capital peut, suivant les cas, être fixe ou circulant : la monnaie est un capital fixe pour la société et un capital circulant pour l'individu.

3. — *Outillage industriel.* — L'outillage industriel d'un pays est un capital fixe dont l'importance est d'au-

1. P. BEAUREGARD, *Éléments d'économie politique.* Alcide Picard, éditeur.

tant plus considérable que l'état social de ce pays est plus avancé.

Les peuples jeunes et ceux qui ne jouissent que d'une sécurité insuffisante n'ont guère que des capitaux circulants ou des capitaux fixes peu coûteux. C'est seulement chez les peuples de civilisation avancée que l'on rencontre en abondance les capitaux fixes.

Il y a incontestablement grand avantage à employer des capitaux de longue durée, quoique leur prix de revient soit en général d'autant plus élevé qu'ils durent davantage. Quelle que soit la dépense d'un canal ou d'une ligne de chemin de fer, un moment vient où elle est amortie, et pour le reste de leur durée l'usage en sera gratuit. Mais de semblables travaux exigent de longues avances prises sur les ressources actuelles de la société, c'est-à-dire sur son capital circulant, et ce n'est qu'avec beaucoup de circonspection qu'on doit augmenter les capitaux fixes. Ils risquent, en effet, de devenir inutiles et par suite l'emploi de capitaux trop durables peut être une mauvaise opération. D'ailleurs, une nation qui se met à immobiliser soudainement une grande partie de son capital se condamne à des privations et s'expose à des crises. Aussi faut-il tendre à économiser sur le capital fixe qui représente les frais de production et à augmenter le capital circulant qui représente les moyens de consommation ; et le progrès consiste à diminuer le rapport qui existe entre la quantité du capital fixe et celle du capital circulant.

4. — *Approvisionnements.* — L'approvisionnement en produits fabriqués est d'autant plus considérable que l'outillage est plus développé et que les machines en activité sont plus nombreuses.

Il y a à cela de grands avantages : plus les produits sont abondants, plus ils sont bon marché et à la portée de tous ; et une usine qui possède un stock important peut affronter plus facilement le chômage. Toutefois, un tel état de choses n'est pas sans dangers : on immobilise ainsi des capitaux importants, et puis il peut y avoir surproduction. Il est vrai que les besoins étant illimités et la production, quelque grande qu'on la suppose, étant toujours limitée, il semblerait que la production doit toujours rester inférieure aux besoins. Pourtant c'est d'un encombrement des produits que s'inquiètent les fabricants. Le remède le plus efficace c'est qu'il y ait accroissement parallèle dans les autres branches de la production. La crise résultant de l'abondance ne peut se guérir que par l'abondance même, et tout producteur a intérêt à ce que la production soit aussi abondante et aussi variée que possible. C'est ce qu'a établi J.-B. Say dans sa célèbre *théorie des débouchés* qu'il formule ainsi : « Les produits s'échangent contre des produits[1]. »

Néanmoins, il arrive parfois qu'il y ait rupture d'équilibre dans les rapports entre la production et la consommation. Ces ruptures d'équilibre s'appellent des *crises commerciales*. (Voir plus loin, p. 107.)

5. — *Union du capital et du travail.* — Le capital et le travail doivent se prêter un mutuel concours, car ils ne peuvent rien l'un sans l'autre.

C'est le capital qui alimente le travail et c'est le travail qui fait valoir le capital. Le laboureur ne peut labourer la terre sans l'aide de sa charrue, et la charrue peut moins encore si elle n'est mise en œuvre par les bras du laboureur. Aussi bien, la possession d'un capital ne dispense pas de travailler, et sans travail le capital est stérile et condamné à périr, car les outils et les machines s'usent quand on s'en sert et plus encore quand on ne s'en sert pas.

---

1. Voir dans *les Grands Économistes*, p. 206 : J.-B. SAY, *Théorie des débouchés*.

6. — Plus les capitaux sont abondants, plus le travail est demandé et plus les salaires sont élevés.

L'abondance des capitaux est de la plus grande importance pour la société. La rareté des capitaux a pour conséquence forcée l'abaissement des salaires et la misère du plus grand nombre. Le capital trop rare est le maître des situations, le travail est sacrifié, et c'est bien alors que le capital est le tyran du travail. L'histoire du passé en est témoin. Il n'en est plus de même aujourd'hui. A mesure que le capital a grossi, la sphère des travaux possibles s'est étendue et la rétribution des travailleurs a augmenté. En effet, suivant la remarque de Bastiat, à mesure que les capitaux s'accroissent, la part absolue du capital dans les produits augmente, et sa part relative, c'est-à-dire, comparée à celle du travail, diminue ; au contraire, les travailleurs voient augmenter leur part dans les deux sens[1].

Pour que l'industrie soit prospère, il faut que l'accord règne entre tous les éléments qui concourent à la production. La nature, élément passif, avons-nous dit, obéit; mais des deux autres facteurs, le travail et le capital, auquel attribuer la direction ? Quelquefois capitaliste et travailleur ne font qu'un, c'est le cas du petit artisan qui est propriétaire de ses outils et travaille à son compte, sans autre aide que celle de sa femme et de ses enfants ; mais il n'en va plus de même dans la grande industrie qui exige de gros capitaux. Or, la direction d'une usine réclame d'autres qualités que celles de l'ouvrier manuel; c'est une tâche intellectuelle qui est supérieure au travail manuel, ne peut se diviser à l'infini, et doit revenir à l'entrepreneur, représentant du capital.

1. BASTIAT, *Harmonies économiques. — Le capital.*

CHAPITRE IV

L'INDUSTRIE AGRICOLE

Grande, moyenne et petite culture. — Divers modes d'exploitation du sol : métayage, fermage, faire-valoir direct.

1. — *Industrie agricole.* — L'industrie agricole est au premier rang des industries, surtout en France où elle occupe près de la moitié de la population.

Toutes les industries sont solidaires les unes des autres, influencées par les mêmes causes et régies par les mêmes lois. Toutefois, ce que nous avons dit du travail s'applique surtout à l'industrie manufacturière. L'industrie agricole mérite une étude à part, à cause des problèmes spéciaux qu'elle soulève et de son importance primordiale[1], dans notre pays tout particulièrement. Malgré le grand développement de l'industrie, labourage et pâturage sont toujours chez nous, comme au temps de Sully, les deux mamelles de l'État.

L'économie politique n'a pas à s'occuper des procédés techniques qui doivent être employés pour l'amélioration du sol, mais il lui appartient de rechercher les conditions générales qui permettent au travail et au capital appliqués à l'agriculture de donner les meilleurs résultats.

---

1. Voir dans *les Grands Économistes*, p. 90 : MARQUIS DE MIRABEAU, *L'agriculture est le Premier des biens pour un État.* Alcide Picard, éditeur.

2. — *Grande, moyenne et petite culture.* — La *grande culture* est celle qui comporte plus de 40 hectares, et la *petite culture*, celle qui a moins de 10 hectares. Entre les deux se place la *moyenne culture.* Chacune d'elles a ses avantages et ses inconvénients ; mais c'est, en somme, la petite culture qui est préférable.

La *grande culture*, ayant à sa tête des hommes qui unissent la richesse aux avantages de l'éducation, élève le niveau de la culture et sert d'exemple : seule elle peut essayer des méthodes nouvelles et des procédés coûteux. Seule aussi elle permet la division du travail : les ouvriers y ont leurs occupations distinctes et, grâce à la spécialisation, « ils acquièrent une dextérité dont manquent toujours des hommes obligés de vaquer successivement à des soins qui, pour être bien remplis, demandent des aptitudes diverses ». Enfin, elle emploie, en proportion des surfaces cultivées, moins de capitaux fixes : maisons d'habitation, bâtiments de service, attelages, machines agricoles[1]. Mais n'oublions pas que les grandes propriétés ont perdu l'Italie ancienne et que de nos jours, c'est l'absentéisme des landlords anglais qui est cause de la misère et de la dépopulation de l'Irlande. Très répandue en Angleterre et en Amérique, la grande culture ne compte en France que pour 5 % au maximum, avec moins de 100 000 propriétaires.

La *moyenne culture*, qui occupe 20 % de la surface avec environ 300 000 exploitants, manque souvent et des capitaux suffisants et de l'énergie au travail, ainsi que de l'âpreté d'économie du petit propriétaire. Par contre, elle présente de nombreux avantages, et c'est elle surtout qui se développe de nos jours aux dépens de la grande et de la très petite propriété.

La *petite propriété* tient de beaucoup la plus grande

1. Voir dans *les Grands Économistes*, p. 170 : ARTHUR YOUNG, *Supériorité des grandes fermes*, et p. 278 : HIPPOLYTE PASSY, *De la puissance productive des divers modes de culture.*

place chez nous, 75 % du territoire avec près de 4 millions de propriétaires. Ses avantages au point de vue social ne sont pas discutables: nous lui devons la stabilité de nos institutions; mais, même au point de vue économique, elle soutient aisément la comparaison. Tandis que le grand cultivateur dit à ses ouvriers : *allez* travailler, le petit dit aux siens : *venez* travailler, et il y a une grande différence. Il emploie du reste peu d'ouvriers étrangers ; c'est en famille qu'il effectue la majeure partie des travaux, et certes « c'est avec une ardeur et une intelligence que ne déploient jamais dans les grandes fermes des serviteurs que l'intérêt du maître touche fort peu ». Il connaît jusqu'au moindre recoin de son petit domaine, sait quel genre d'amendements et de soins réclame chaque pièce de terre, et ses terres mieux cultivées produisent davantage. La petite culture se prête d'ailleurs fort bien à l'élevage du bétail et elle a des sources de bénéfices, ceux de la basse-cour notamment, à peu près nuls dans les grandes fermes, qui lui assurent un supplément de revenu très appréciable. Ce n'est pas la division de la propriété qui est un mal, mais le morcellement du sol en trop petites parcelles ; or, on peut y remédier.

A mesure que l'agriculture se perfectionne, et que la culture devient plus intensive, l'avantage des grandes exploitations diminue. D'ailleurs, les petits propriétaires en se formant en syndicats ou en associations peuvent avoir eux aussi à leur disposition la science et les capitaux, perfectionner le régime des eaux, développer les irrigations, entretenir des fruitières, user de machines agricoles, etc. On commence à entrer dans cette voie. (Voir plus loin, p. 66 : *Syndicats agricoles.*)

3. — *Divers modes de culture : métayage, fermage, faire-valoir direct.* — Tantôt le propriétaire cultive lui-même sa terre, c'est le *faire-valoir direct ;* tantôt il la cède par une location appelée *bail,* à un fermier qui l'exploite à ses risques et périls et par ses propres moyens, et lui paye en argent une annuité fixe ou *fer-*

mage; ou bien encore, il fournit le capital d'exploitation à un travailleur qui la cultive et partage avec lui en nature les produits du sol, c'est le *métayage*. Le faire-valoir est de beaucoup le mode préférable de culture.

Le *métayage* est une institution du moyen âge, c'est le passage de l'esclave au rang d'homme libre. On ne saurait le défendre. « Tout ce qu'on pourrait dire en sa faveur serait que la nécessité n'a pas de loi ; que la pauvreté des fermiers est telle, que le propriétaire se trouve absolument obligé de fournir tous les instruments de la ferme; autrement, que ses terres resteraient incultes.» (Arthur Young.) Ce mode d'exploitation ne se rencontre plus guère que dans les pays arriérés, où les habitants sont ignorants et pauvres, et où l'agriculture, faute d'industrie et de commerce, ne produit que pour la consommation locale. « Le cultivateur ne peut trouver rien ou presque rien à vendre. Pourquoi travaille-t-il ? Pour se nourrir, lui et son maître, avec ses produits. Le maître partage avec lui en nature et consomme sa part ; si c'est du froment ou du vin, maître et métayer mangent du froment et boivent du vin ; si c'est du seigle, du sarrasin, des pommes de terre, maître et métayer mangent du seigle, des pommes de terre et du sarrasin. La laine et le chanvre se partagent de même et servent à faire les étoffes grossières dont s'habillent également les deux associés. S'il reste quelques moutons mal engraissés dans les chaumes, quelques cochons nourris de débris, quelques veaux élevés à grand'peine par des vaches exténuées de travail et dont on leur dispute le lait, on les vend pour payer l'impôt[1]. » (Léonce de Lavergne.)

Il est possible que cette peinture, déjà ancienne, ne soit plus absolument exacte, mais le métayage a toujours un vice radical. Il est peu compatible avec la culture

---

1. Voir dans *les Grands Économistes*, p. 405 : *L'agriculture en Angleterre et en France. — Nécessité des débouchés*, et aussi, p. 282 : HIPPOLYTE PASSY, *Du métayage.*

intensive, de plus en plus pratiquée, car les cultures les plus rémunératrices sont aussi celles qui exigent les plus fortes dépenses, et elles ont beau donner les plus beaux résultats, le métayer est obligé de les écarter, car le partage achevé avec le propriétaire, il ne lui resterait rien. Aussi, bien qu'on ait pu dire qu'il présente sur le fermage cette double supériorité : 1° d'empêcher le propriétaire de se désintéresser de la culture ; 2° de ne jamais mettre dans l'embarras pour le payement, puisqu'on paye en nature, avec la récolte, quand il y en a, le métayage n'a plus guère comme partisans que ceux qui, comme Le Play, regrettent l'organisation du moyen âge et le régime patriarcal.

Dès que l'industrie s'établit dans un pays, un débouché régulier s'ouvre pour les produits agricoles, et le *bail à ferme* devient possible. « Le cultivateur sans débouchés s'applique à ne pas dépenser d'argent, parce qu'il n'a aucun moyen de s'en procurer ; le cultivateur qui est sûr de bien vendre ne recule pas devant les dépenses utiles. » (Léonce de Lavergne.) Il recule d'autant moins qu'il ne paye pas davantage au propriétaire quand, par son intelligence et son activité, il fait rapporter plus à la terre. Le bail à ferme est donc préférable au métayage, puisque le fermier est intéressé à la prospérité agricole. Mais avec ce mode d'exploitation, le propriétaire semble, dit M. Gide, « se décharger sur un délégué du soin de cultiver la terre pour aller dans une grande ville ou à l'étranger manger ses rentes[1].... Il paraît difficile d'admettre que la terre ait été distribuée à certains hommes à seule fin de leur procurer un revenu, comme ces bénéfices

1. On juge sévèrement, et l'on ne saurait faire autrement, ces propriétaires qui, comme autrefois les seigneurs de l'ancienne France ou comme aujourd'hui les landlords anglais de l'Irlande, résident hors de leurs terres. L'*absentéisme* (c'est le nom qu'on donne à cette coutume) des propriétaires, déléguant leurs pouvoirs à des intendants et allant dépenser au loin, sans profit pour le pays, l'argent qu'ils tirent de leurs terres, a, en effet, pour résultat inévitable la ruine des cultivateurs et celle de l'agriculture.

ou ces prébendes que le roi autrefois distribuait aux fils de famille[1]. » Aussi le fermage lui semble-t-il destiné à disparaître pour ne laisser subsister que l'exploitation directe par les propriétaires isolés, ou mieux associés.

Le *faire-valoir direct*, non seulement répond mieux à l'esprit de justice, mais c'est aussi le mode de culture qui donne les meilleurs résultats. Si Arthur Young force la note quand il dit : « Donnez à un individu la possession assurée d'un rocher battu par les vents et il le transformera en jardin ; donnez-lui un jardin avec un bail de neuf ans et il le transformera en désert », Adam Smith reste dans la juste mesure quand il constate qu'un petit propriétaire, qui surveille son domaine « avec cette attention soigneuse qu'inspire la propriété, surtout une petite propriété, et qui, pour cette raison, se plaît non seulement à la cultiver, mais même à l'embellir, est, en général, de tous ceux qui font valoir, celui qui y apporte le plus d'industrie et d'intelligence, et aussi celui qui réussit le mieux ».

Et comment en serait-il autrement étant donné l'amour passionné du paysan pour sa terre ? « Si nous voulons connaître la pensée intime, la passion du paysan de France, cela est fort aisé. Promenons-nous le dimanche dans la campagne, suivons-le. Le voilà qui s'en va là-bas devant nous. Il est deux heures ; sa femme est à vêpres ; il est endimanché ; je réponds qu'il va voir sa terre. Je ne dis pas qu'il y aille tout droit. Non, il est libre, ce jour-là, il est maître d'y aller ou de n'y pas aller. N'y va-t-il pas assez tous les jours de la semaine ? Aussi il se détourne ; il va ailleurs, il a affaire ailleurs. Et pourtant il y va. Il est vrai qu'il passait bien près ; c'était une occasion. Il la regarde, mais apparemment qu'il n'y entrera pas ; qu'y ferait-il ? Et pourtant il y entre. Du moins, il est probable qu'il n'y travaillera pas : il est endimanché ; il a blouse et chemise blanche. Rien n'empêche cependant d'ôter quelque mauvaise

---

1. *Principes d'économie politique*. Larose et Tenin, éditeurs.

herbe, de rejeter cette pierre. Il y a bien encore cette souche qui gêne, mais il n'a pas sa pioche, ce sera pour demain. Alors, il croise ses bras et s'arrête, regarde, sérieux, soucieux. Il regarde longtemps, très longtemps et semble s'oublier. A la fin il se croit observé ; s'il aperçoit un passant, il s'éloigne à pas lents. A trente pas encore, il s'arrête, se retourne, et jette sur la terre un dernier regard profond et sombre ; mais pour qui sait bien voir, il est tout passionné ce regard, tout du cœur, plein de dévotion[1]. »

---

1. MICHELET, *le Peuple*, 1re partie, ch. Ier. Voir dans *les Grands Économistes*, p. 169 : ARTHUR YOUNG, *les Petits propriétaires du Béarn*, et p. 242 : SISMONDI, *Éloge du paysan propriétaire*.

DEUXIÈME PARTIE

LA RÉPARTITION

CHAPITRE PREMIER

LA PROPRIÉTÉ

Importance de la répartition des richesses. — Avantages économiques de la propriété individuelle et de l'héritage.

1. — *Importance de la répartition.* — La répartition de la richesse entre ceux qui ont contribué à la produire est de la plus grande importance pour la société. C'est, en réalité, la question sociale.

« Le bonheur d'un État dépend moins de la quantité de produits qu'il possède, que de la manière dont ils sont répartis. Supposons deux États également peuplés et dont l'un a plus de richesses que l'autre. Si les produits sont mal distribués dans le premier, qu'ils le soient bien dans le second, celui-ci offrira la population la plus heureuse. Aucun pays n'est aussi remarquable que l'Angleterre, sous le rapport de la formation des richesses ; en France, leur distribution est meilleure : j'en conclus qu'il y a plus de bonheur en France qu'en Angleterre[1]. » (Droz.)

---

1. Voir dans *les Grands Économistes*, p. 250 : *Importance de la distribution des richesses.*

Cette partie de l'économie politique est tout particulièrement intéressante par les problèmes qu'elle soulève. Pourquoi les parts sont-elles si disproportionnées ? Comment se fait-il qu'il y ait des riches et des pauvres ? Des réclamations s'élèvent et elles semblent d'autant mieux fondées, dit M. Beauregard, que la distribution des richesses paraît dépendre uniquement de la volonté des hommes, puisqu'elle repose, en effet, sur des conventions et qu'on peut imaginer une distribution faite par voie d'autorité.

En réalité, le régime de répartition actuellement en vigueur, et le seul applicable aux sociétés contemporaines telles qu'elles sont organisées, est régi par la grande loi économique de l'offre et de la demande « qui dispense de l'intervention de toute autorité, puisque chacun se fait à lui-même sa part ; » mais il repose en même temps sur le principe de la propriété, car c'est de l'inégalité des apports que dépend surtout l'inégalité de rétribution obtenue. « Entre le manœuvre qui ne peut offrir que ses bras, c'est-à-dire une force surabondante sur le marché et par conséquent de peu de valeur, et le fabricant qui apporte ses machines de milliers de chevaux, le capitaliste qui apporte ses sacs d'or, le propriétaire foncier ou urbain qui apporte un terrain indispensable à la vie, quelle différence ! » (Ch. Gide.) Aussi peut-on dire que la propriété individuelle est le principal ressort de tout le mécanisme de la répartition des richesses dans les sociétés civilisées.

2. — *La propriété.* — La propriété individuelle existe chez tous les peuples civilisés. Elle est le plus puissant stimulant du travail et elle a pour conséquence logique l'héritage [1].

---

1. Voir dans *les Grands Économistes*, p. 262 : Rossi, *Propriété individuelle et propriété collective* ; p. 288 : Thiers, *De l'influence de l'hérédité sur le travail* ; p. 342 : Léon Faucher, *Origine, progrès et utilité sociale de la propriété.*

Toutes les sociétés sont parties du régime de la propriété collective et se sont élevées peu à peu au régime de la propriété individuelle qui s'est établie dès que l'augmentation de la population a nécessité une production abondante. Lorsque les fruits sont à tous et que la terre n'est à personne, la terre ne produit que des bruyères et des forêts. Pour qu'elle porte des moissons « il faut que chaque travailleur soit directement intéressé au succès de ses efforts et qu'un lien étroit s'établisse entre la production et le producteur ». (P. Beauregard.) La propriété a donc pour origine, au moins de façon normale, le travail et l'épargne. Quand on parle de la propriété, on songe tout naturellement à la propriété foncière ; mais elle n'est pas la seule aujourd'hui, il y a aussi la propriété industrielle, mobilière, littéraire, etc.

La propriété individuelle est aujourd'hui un fait universel et un fait croissant, car c'est une vérité d'expérience que, tandis que propriété incertaine et barbarie se sont toujours et partout traduites l'une par l'autre, au contraire, plus la propriété s'accroît, se fortifie, se trouve respectée, plus les sociétés prospèrent. Bien plus, la propriété privée est le fondement de l'existence nationale elle-même. « Pourquoi le peuple français, par exemple, dit M. Leroy-Beaulieu, posséderait-il seul les espaces privilégiés qui contiennent les riches plaines du Nord, les belles vallées de la Seine, de la Loire, du Rhône et de la Garonne, toutes ces terres qui semblent à souhait pour les productions de choix, ces splendides vignobles qui donnent les vins les plus renommés ?... Ou chaque lopin de sol appartient à celui qui l'a occupé, qui s'y est maintenu, l'a cultivé et transmis à ses héritiers, ou il appartient, non pas à une commune, non pas à une nation, mais au genre humain tout entier et le monde est livré à la force déréglée ; les nations pauvres et barbares ont le droit de rançonner les nations plus anciennement civilisées et plus opulentes[1]. »

---

1. *Précis d'économie politique*, p. 124. Delagrave, éditeur.

Le droit de propriété entraîne naturellement le droit de disposer de son bien et a pour conséquence logique l'héritage. D'ailleurs, en laissant de côté la question plus discutable des héritiers collatéraux, la transmission de la propriété du père aux enfants est de l'intérêt même de la société : « Voyez ces industriels habiles, qui ont enrichi la société de leurs ingénieuses découvertes, à qui l'on doit de payer tantôt le coton, tantôt la laine, le sucre à moitié prix, observez leurs goûts, le genre de leurs plaisirs, et vous découvrirez bientôt ce qui les fait agir. La plupart du temps, ce sont des hommes simples, de goûts modestes, qui après avoir amassé une fortune immense, après avoir procuré à leurs enfants des palais, des châteaux, sourient du plaisir qu'ils y prennent, jouissent de les en voir jouir, puis vont jouir eux-mêmes à leur façon, invariablement la même, en retournant à leurs ateliers, à leurs magasins, à leurs vaisseaux, heureux d'imaginer que toutes ces richesses qu'ils goûtent si peu s'accroîtront encore au profit de ces enfants. Supposez que tout ce qu'ils amassent de la sorte ils fussent privés de le transmettre à leurs descendants, ils se seraient arrêtés au milieu de leur carrière, au moment où leurs facultés étaient le plus actives. Plus même ils étaient capables et habiles, plus tôt ils se seraient arrêtés, et, de peur d'avoir des enfants oisifs, vous auriez commencé par assurer l'oisiveté de leur père[1]. » (Thiers.)

1. Voir plus loin (ch. V, p. 75), les attaques dirigées par les socialistes contre la propriété.

CHAPITRE II

LA RÉMUNÉRATION DU CAPITAL

La part du propriétaire foncier. — L'intérêt : légitimité et taux de l'intérêt. — Le profit de l'entrepreneur.

1. — *La part du propriétaire foncier.* — Le propriétaire foncier est un capitaliste qui a droit à une rémunération représentant le prix d'achat de la terre et les intérêts des dépenses d'entretien ou d'amélioration.

Si l'on admet la légitimité de la propriété, on ne conçoit pas les attaques dirigées contre le revenu que le propriétaire foncier tire de sa terre qui est une propriété comme une autre. Mais il existe une théorie célèbre qui présente tout autrement les choses. « A en croire Ricardo[1], les propriétaires fonciers, loin d'être des capitalistes semblables aux autres, jouissent d'une situation particulièrement avantageuse, d'une part, parce que presque toutes les terres fournissent une *rente*, c'est-à-dire un bénéfice dû aux qualités naturelles du sol et non au travail, et d'autre part, parce que le taux de cette rente doit constamment s'élever au cours des progrès de la civilisation... Quand, en effet, toutes les terres d'un pays sont livrées à la culture, les propriétaires fonciers se trouvent investis d'un monopole de fait. La population continuant à croître, rien ne s'oppose à ce que les propriétaires des terres, même les plus mauvaises, se fassent payer plus que les frais

1. Voir dans *les Grands Économistes*, p. 229 : RICARDO, *Théorie de la rente foncière.*

nécessaires à la culture. Toutes les terres, à partir de ce moment, fournissent donc une rente, et cette rente doit augmenter sans cesse à mesure que les progrès de la civilisation, en augmentant les besoins, permettent aux propriétaires fonciers de tirer plus amplement parti de leur monopole[1]. »

L'expérience ne confirme pas cette théorie. Qui ne sait, en effet, que, de nos jours, le revenu du propriétaire foncier est loin d'aller en croissant, et que plus le monde se peuple, plus les denrées de première nécessité diminuent de prix ? Néanmoins, les socialistes se sont fait de la théorie de la rente une arme contre la propriété foncière. Ils dénoncent avec indignation la prétendue situation privilégiée faite au propriétaire foncier dont ils demandent l'expropriation par l'État ; ou tout au moins ils veulent faire revenir à la collectivité, par un procédé quelconque, la plus-value qui est son œuvre[2].

2. — *Légitimité de l'intérêt.* — La rémunération du capital se nomme *intérêt.* L'intérêt est légitime, car le prêteur rend un service, et tout service se paye.

L'intérêt s'appela d'abord *usure,* mot qui veut dire loyer de l'usage, de la jouissance, et c'est le mot propre, puisque l'intérêt est un loyer qu'on paye pour avoir la

---

1. P. Beauregard : *Éléments d'économie politique.* — Le même auteur a traité plus longuement ce sujet dans un volume de la petite bibliothèque économique de Guillaumin : Ricardo.

2. On ne peut nier que certaines terres, surtout les terrains à bâtir, n'augmentent parfois prodigieusement de valeur — en dehors des améliorations qu'y apporte le propriétaire — par l'établissement de routes, de chemins de fer, etc., et surtout par suite de l'accroissement de la population. M. Gide rapporte que le traducteur américain de son traité cite le cas d'un lot de terrain de 10 ares vendu en 1830 au prix de 100 francs, et qui, aujourd'hui, se trouvant enclavé au centre de Chicago, vaut 6 250 000 francs, soit 6 250 francs le mètre. Chacun sait, du reste, qu'on vend couramment à Paris 400 francs et même 500 francs le mètre des terrains payés 0 fr. 50 par les grands-pères des détenteurs actuels.

jouissance d'un capital. Quand un capitaliste met lui-même son capital en valeur, aucune difficulté ne s'élève au sujet de la légitimité du profit qu'il en retire. Pourquoi en serait-il autrement quand il se dessaisit de ce capital ? Et pourtant, l'usure fut condamnée par Aristote et à sa suite par l'Église et par la jurisprudence, sous prétexte que l'argent est stérile de sa nature. C'était une erreur grossière. Si une darique est incapable d'engendrer une darique, comme dit Aristote, avec une darique empruntée, un homme peut acheter un bélier et deux brebis qui, laissés ensemble, produiront probablement, au bout de l'année, deux ou trois agneaux ; « en sorte que cet homme, venant, à l'expiration de ce terme, à vendre son bélier et ses deux brebis pour rembourser la darique, et donnant en outre un de ses agneaux pour l'usage de cette somme, doit encore se trouver de deux agneaux, ou d'un au moins, plus riche que s'il n'avait point fait ce marché[1]. »

L'intérêt a dû, en effet, se présenter à l'origine, sous forme d'un partage de bénéfices, d'une part accordée au capital sur l'*excédent* des profits qu'il a aidé à réaliser, car celui qui prête un capital s'en prive, et il est juste qu'il soit indemnisé de sa privation.

3. — *Le taux de l'intérêt.* — Le taux de l'intérêt est la relation qui existe entre la somme prêtée et la somme promise à titre d'intérêt. Ce taux est d'autant plus bas que les capitaux sont plus abondants, et il est de l'intérêt général que le taux de l'intérêt soit peu élevé.

L'intérêt n'est pas seulement le salaire d'un service et la compensation d'une privation ; il est, en outre, une prime d'assurance pour un risque couru ; et comme toutes les industries n'offrent pas les mêmes chances de gain et ne comportent pas les mêmes risques, le taux de l'intérêt est variable. Il se règle sur l'offre et la demande, c'est-à-

1. Voir dans *les Grands Économistes*, p. 177 : BENTHAM, *Des préjugés contre l'usure*, et p. 324 : BASTIAT, *Légitimité du prêt à intérêt*.

dire qu'il dépend de l'abondance des capitaux disponibles et des demandes dont ils sont l'objet de la part de l'industrie.

Pour Turgot, la baisse de l'intérêt de l'argent est un bien sans mélange : « On peut regarder le prix de l'intérêt comme une espèce de niveau au-dessous duquel tout travail, toute culture, toute industrie, tout commerce cessent. C'est comme une mer répandue sur une vaste contrée : les sommets des montagnes s'élèvent au-dessus des eaux, et forment des îles fertiles et cultivées. Si cette mer vient à s'écouler, à mesure qu'elle descend, les terrains en pente, puis les plaines et les vallons paraissent et se couvrent de productions de toute espèce. Il suffit que l'eau monte ou s'abaisse d'un pied pour inonder ou rendre à la culture des plages immenses. C'est l'abondance des capitaux qui anime toutes les entreprises, et le bas intérêt de l'argent est tout à la fois l'effet et l'indice de l'abondance des capitaux[1]. »

Pourtant, si l'intérêt de l'argent est bas parce que les affaires ne vont pas, il n'y a pas lieu de s'en réjouir, car mieux vaudrait payer 10 % et gagner 20 que ne payer que 3 et ne gagner que 4. Mais, en fait, la baisse constante de l'intérêt à laquelle nous assistons est la conséquence de l'abondance des capitaux, et elle est un bien d'autant plus grand que, suivant la remarque de M. Leroy-Beaulieu, elle coïncide avec la hausse des salaires et a pour effet de rapprocher les conditions. « Elle rend plus facile à tous l'acquisition d'une certaine et très modeste aisance, mais beaucoup plus difficile l'acquisition de la richesse », et le résultat est conforme à la justice. « Le capitaliste a le rôle de l'oisif, disait Laffitte, sa peine doit être l'économie, et elle n'est pas trop sévère. »

Reste une question délicate. Doit-il y avoir limitation du taux de l'intérêt ? C'est ce que font nos lois qui fixent le taux à 4 % en matière civile, et à 5 % en matière commerciale. On comprend les raisons de senti-

1. Voir dans *les Grands Économistes*, p. 131 : *Du prêt à intérêt.*

ment qui font intervenir l'État pour protéger un débiteur aux abois ou un prodigue incapable de sagesse. Mais la loi atteint-elle le but cherché ? D'abord, comment empêcher qu'elle ne soit violée; et ne constitue-t-elle pas plutôt une sorte de monopole en faveur des usuriers en les débarrassant de la concurrence des honnêtes gens? dit M. Beauregard[1]. Aussi les économistes se prononcent pour la liberté du taux de l'intérêt et ils font remarquer que l'État lui-même ne s'est pas toujours conformé aux lois, puisqu'il a dû parfois permettre à la Banque de France d'élever son escompte au delà du taux légal, et que lui-même a contracté des emprunts 5 % au-dessous du pair.

4. — *Le profit de l'entrepreneur.* — On désigne par le terme de *profit* la rémunération de l'entrepreneur qui dirige une industrie à ses risques et périls. Il est constitué par les bénéfices réalisés, s'il y en a.

---

1. Inspirée par l'intérêt de l'emprunteur, la limitation du taux lui est souvent dommageable. Voici, comme preuve, un piquant interrogatoire d'un usurier:

« *Le président.* — Vous êtes prévenu d'avoir prêté à divers au-dessus du taux légal, de manière que le fait d'usure est dégénéré en habitude.

« *Le prévenu.* — Oui, monsieur le Président.

« *Le président.* — Qu'avez-vous à dire pour votre justification ?

« *Le prévenu.* — Que l'usure n'est en aucune façon répréhensible, et que la loi punit un fait complètement innocent.

« *Le président.* — Vous ne pouvez pas attaquer la loi qui a équitablement fixé le taux de l'intérêt.

« *Le prévenu.* — Je conviens qu'elle l'a fixé d'une manière équitable pour les cas ordinaires, mais elle n'a pu prévoir les risques extraordinaires.

« *Le président.* — De quels risques voulez-vous parler ?

« *Le prévenu.* — Il y en a de plusieurs espèces et je pourrais m'étendre sur la solvabilité des débiteurs. Mais, sans aller plus loin, il est probable que je ne sortirai pas de cette enceinte sans être condamné. Eh bien ! est-ce que cette condamnation n'a pas dû être comptée parmi les risques ? »

L'événement prouva que le prévenu avait eu raison de se faire payer une indemnité pour la condamnation. BATBIE, *Mélanges*. Voir *les Grands Économistes*, p. 132, en note.

Il y a bénéfices quand l'industrie rapporte au delà des frais de production, ce qu'établit *l'inventaire* fait tous les ans, ou tous les six mois. L'inventaire est la seule manière de se rendre compte si l'on a réalisé des bénéfices ou si au contraire on est en perte. Les frais de production, autrement dit le *coût de production*, sont assez difficiles à établir. Ils comprennent, en outre, des matières premières et des frais divers de fabrication, les salaires payés aux ouvriers et aux employés de toutes sortes, l'intérêt servi aux capitalistes qui ont fourni les fonds nécessaires, les impôts de toute nature, y compris les assurances contre les risques, le loyer dû pour l'apport personnel de l'entrepreneur en terrains, bâtiments, machines, et enfin une annuité, souvent assez forte, pour l'amortissement du matériel. Le reste constitue le profit. Certains économistes ont prétendu que le profit ne peut augmenter qu'aux dépens des salaires ; la vérité est plutôt qu'il baisse ou augmente en même temps que les salaires, car celui qui gagne beaucoup peut payer de gros salaires.

Le profit, à la différence des salaires, est essentiellement variable et incertain. Il dépend naturellement de l'habileté de l'entrepreneur. Quand la gestion est particulièrement habile, il est naturel que le profit de l'entrepreneur soit considérable, car c'est lui qui est l'âme de l'entreprise[1] ; par contre, s'il y a des pertes, lui seul les supporte et elles ne doivent pas atteindre les ouvriers, irresponsables de la gestion. On se fait, d'ailleurs, fréquemment illusion sur l'importance du profit : sans tenir compte du trop grand nombre d'entrepreneurs qui se ruinent, les profits industriels sont,

1. Il ne faut d'ailleurs pas assimiler — et les ouvriers en font très bien la différence — le véritable industriel qui est à l'œuvre du matin au soir dans son usine, au capitaliste homme du monde qui, parfois, ignore tout de l'industrie qu'il est censé diriger et n'a de rapports avec les ouvriers que par l'intermédiaire de *marchandeurs*. C'est contre ces derniers qu'a été dirigée dernièrement, à Paris, la grève des ouvriers carrossiers.

tout comme les salaires, limités par la concurrence ; et c'est un fait d'expérience que dans nos vieilles civilisations les profits ont une tendance à diminuer. Le profit n'est guère exceptionnel que lorsque l'entrepreneur jouit en quelque sorte d'un monopole, et de fait presque toutes les grandes fortunes industrielles sont le résultat de quelque invention.

L'entrepreneur n'est, en tout cas, qu'un intermédiaire dont on conçoit très bien qu'on puisse se passer. La preuve en est fournie par les sociétés anonymes dont beaucoup réussissent fort bien. Le partage des bénéfices se fait alors entre les actionnaires, sous forme de *dividende.* Quand il n'y a pas de bénéfices, ils ne reçoivent pas de dividende ; et ils supportent les pertes qui se traduisent par une diminution dans la valeur de leurs actions.

CHAPITRE III

LA RÉMUNÉRATION DU TRAVAIL

Travail intellectuel : appointements. — Travail manuel : salaires. — La hausse des salaires. — Loi de l'offre et de la demande. — Infériorité du salaire des femmes. — Les divers modes du salaire. — Participation des ouvriers aux bénéfices.

1. — *Travail intellectuel : appointements.* — On désigne sous les noms divers d'appointements, rétribution, honoraires, etc., le salaire du travail intellectuel.

« Il n'y a, disait Mirabeau le père, que trois manières de subsister dans la société : il faut absolument être mendiant, voleur ou salarié. » Si, en effet, on appelle salaire toute rémunération d'un service, nous sommes tous des salariés, car la vie civilisée est un perpétuel échange de services. Les honoraires d'un médecin, le traitement d'un fonctionnaire, l'indemnité d'un député sont le salaire de leurs services, et il n'est pas jusqu'au rentier qui ne soit un salarié, puisque l'intérêt qu'il reçoit est la rémunération d'un service rendu. Cependant il y a lieu, pour éviter des confusions, de réserver le terme de salaire à la rémunération du travail manuel, ou mieux au prix du travail loué et employé par un entrepreneur. Bien que le travail intellectuel soit soumis, lui aussi à la loi de l'offre et de la demande, il ne subit pas complètement les mêmes lois que le travail manuel : un médecin et un avocat ne sont pas liés à leurs clients par un contrat de louage. Et, si l'on peut admettre à la rigueur que le fonctionnaire est un salarié, il n'en est pas de même du médecin, de l'avocat, de l'écrivain. Aussi est-ce avec raison que, dans la langue courante, on se sert de termes différents pour désigner la rémunération de leurs services.

2. — La rétribution de ce travail dépend surtout de sa productivité ou de sa rareté.

Le taux en est généralement plus élevé que pour le salaire de l'ouvrier : « Nous confions au médecin notre santé, à l'avocat et au procureur notre fortune, et quelquefois notre vie et notre honneur : des dépôts aussi précieux ne pourraient pas, avec sûreté, être remis dans les mains de gens pauvres et peu considérés. Il faut donc que la rétribution soit capable de leur donner dans la société le rang qu'exige une confiance si importante. Lorsque à cette circonstance se joint encore celle du long temps et des grandes dépenses consacrées à leur éducation, on sent que le prix de leur travail doit s'élever encore beaucoup plus haut[1]. » (Adam Smith.)

Il est aussi beaucoup plus variable ; il dépend de la capacité professionnelle, de l'expérience, de la notoriété, en un mot de la productivité, ou mieux de la valeur qu'on attribue à leurs services. Il faut enfin tenir compte du plus ou moins de facilité qu'on a à se les procurer, autrement dit de leur rareté : c'est ce qui explique les gains fabuleux de certains chanteurs ou comédiens et par contre la modicité des appointements des employés de bureau, profession qui tend à devenir la moins rémunératrice de toutes, parce qu'une foule de jeunes gens sont aujourd'hui en état de l'embrasser. En revanche, la modicité des traitements des employés de l'État et des grandes Compagnies a pour contre-partie que leur

1. Voir dans *les Grands Économistes*, p. 109 : *Circonstances qui agissent sur les salaires.*

revenu est assuré[1], qu'il croît lentement mais sûrement, enfin qu'ils ont droit à une pension de retraite.

3. — *Le salaire.* — Le salaire est la rétribution immédiate et certaine que reçoit l'ouvrier en retour de son travail.

L'ouvrier a des besoins immédiats et ne peut pas attendre qu'ait été réalisé le produit que son travail a contribué à créer. Il ne peut pas davantage supporter les risques inhérents à toute entreprise de production, car il doit pouvoir compter sur une rémunération certaine. Aussi est-il payé au jour le jour, sinon chaque semaine, ou au moins chaque quinzaine. L'établissement du salaire est dû au désir de stabilité qui est également cause de la recherche dont sont l'objet les fonctions publiques.

4. — Les salaires augmentent à mesure que le capital se développe et que le travail devient plus productif.

L'économie politique à son début avait supposé que le prix du travail se mesurait naturellement aux besoins des travailleurs : « Le simple ouvrier, qui n'a que ses bras et son industrie, n'a rien qu'autant qu'il parvient à vendre à d'autres sa peine. Il la vend plus ou moins cher ; mais ce prix plus ou moins haut ne dépend pas de lui seul ; il résulte de l'accord qu'il fait avec celui qui paye son travail. Celui-ci le paye le moins cher qu'il peut ; comme il a le choix entre un grand nombre d'ouvriers, il préfère celui qui travaille au meilleur marché. Les ouvriers sont donc obligés de baisser le prix à l'envi les uns des autres. *En tout genre de travail il doit arriver et il arrive, en effet, que le salaire de l'ouvrier se borne à ce qui lui est nécessaire pour lui procurer sa subsistance*[2]. » (Turgot.)

---

1. Ils n'ont généralement pas à craindre le chômage, tandis qu'on a calculé que 15 ouvriers sur 100 chôment un quart de l'année.

2. Voir dans *les Grands Économistes*, p. 127 : *Du salaire de l'ouvrier.*

Les économistes anglais ont désigné ce salaire minimum par le terme malheureux de *salaire naturel* et le socialiste allemand Lassalle l'a appelé *la loi d'airain :* « Voilà la loi d'airain formulée par les maîtres de l'économie politique ! Elle condamne les ouvriers à une misère irrémédiable. Une société qui aboutit à une semblable iniquité doit être complètement modifiée[1]. » Heureusement, cette théorie est démentie de plus en plus par les faits. L'amélioration de la situation matérielle des travailleurs depuis plusieurs siècles est incontestable. Non seulement le taux nominal des salaires a augmenté ; mais aussi le *salaire réel*, c'est-à-dire la puissance d'achat de l'argent qu'ils reçoivent ; car, par suite du développement des machines et des progrès de l'industrie, les objets de consommation courante ont diminué de prix. M. Beauregard a établi qu'en France, de 1826 à 1880, l'ensemble des marchandises a augmenté de 34 %, pendant que les salaires moyens augmentaient de 116 %. Il reste vrai, cependant, que les classes laborieuses, malgré les progrès réalisés, n'ont pas profité du mouvement ascendant au même degré que

---

1. Une autre théorie, jadis célèbre, la théorie du *fonds des salaires*, formulée surtout par J.-S. Mill, vint compléter la théorie du *salaire naturel*, de Ricardo. D'après elle, chaque entrepreneur emploie une part déterminée de ses capitaux à payer les salaires de ses ouvriers, et l'ensemble de toutes les sommes que tous les entrepreneurs d'un pays destinent à cet usage, forme un *fonds des salaires* que les ouvriers ont à se partager et qui ne croît que par l'épargne. Cette théorie n'est pas moins fausse que la précédente, car « elle ne tient aucun compte de l'élément qui, de nos jours, influe le plus sur le salaire : la productivité du travail. Le salaire que l'entrepreneur promet à l'ouvrier, en effet, ne représente pas une part à recevoir dans les capitaux existants, mais bien une part à prendre dans les produits à la fabrication desquels l'ouvrier va coopérer. Sans doute, l'employeur a bien, lorsqu'il engage des ouvriers, quelques fonds en réserve pour payer les premiers salaires, mais ce n'est là qu'un fonds de roulement nécessaire pour attendre que les produits aient été achevés et vendus. Ce n'est pas d'après ce fonds de roulement qu'il fixe ses conditions aux ouvriers, c'est d'après ce qu'il espère obtenir en utilisant leur travail. » (P. Beauregard, *Éléments d'économie politique*).

les classes capitalistes, et c'est surtout de leur culture intellectuelle que dépendra le bien-être des classes ouvrières dans l'avenir.

Le progrès de l'alimentation des ouvriers et l'accroissement de leur bien-être, voilà la preuve que la loi d'airain est une fiction. Cette amélioration est du reste un grand bien. L'ouvrier mal rétribué est faible et indolent; partout, au contraire où le salaire est élevé, nous voyons les ouvriers plus intelligents et plus expéditifs. Aussi, bien que cela semble paradoxal, c'est en payant de bons salaires qu'on obtient de la besogne exécutée à bon marché, et tout le monde est d'accord aujourd'hui qu'il ne s'agit pas d'obtenir le plus possible en payant le moins possible, mais au contraire de payer ce qu'il faut pour obtenir le plus et le mieux possible; car ce sont les bons salaires qui rendent le travail plus productif, et c'est là le but qu'on doit se proposer. « Ayez des ouvriers instruits, une société riche : vous aurez de bons salaires. Le principal nœud de la question est, comme l'économie politique ne cesse de le répéter, dans l'abondance des capitaux[1]. Après les capitaux, c'est la science à tous les degrés qui exerce la plus heureuse influence sur les salaires, la science élémentaire qui fait l'ouvrier habile, et la science supérieure de l'ingénieur qui perfectionne les instruments de travail[2]. »

5. — *La loi de l'offre et de la demande.* — **Les salaires, comme tout ce qui s'échange, sont régis par la loi de l'offre et de la demande.**

Cette grande loi de l'économie politique, qu'on rencontre à chaque pas, a été formulée ainsi par l'anglais Cobden : « Le salaire baisse quand deux ouvriers courent après un maître, il hausse quand deux maîtres courent après un ouvrier. » Le taux des salaires dépend, en effet,

---

1. Voir plus haut, p. 33.

2. Voir dans *les Grands Économistes*, p. 472 : É. Levasseur, *Le travailleur ancien et l'ouvrier d'aujourd'hui*.

du rapport entre le nombre des ouvriers cherchant du travail et le nombre des emplois dont l'industrie dispose; et c'est parce que l'augmentation de la population est moins rapide que l'accroissement des capitaux et la demande de travaux qu'ils provoquent, que nous voyons les salaires suivre une progression croissante.

6. — *Infériorité du salaire des femmes.* — **Le salaire étant proportionnel à la productivité du travail, les faibles sont moins rétribués que les forts. C'est le cas des enfants et des femmes; mais à égalité de travail, les salaires doivent être équivalents.**

On ne saurait réclamer l'égalité de salaires pour tous les travailleurs : cela ne serait conforme ni à la justice, ni à l'intérêt de la production. Si la femme accomplit un travail moindre que celui de l'homme, ce qui est généralement le cas dans les travaux industriels, il est juste que son salaire soit moindre ; mais il n'en va plus de même pour les travaux qui n'exigent pas de force musculaire. Quand la femme rend les mêmes services que l'homme, elle a droit au même salaire, et il est souverainement injuste, par exemple, que la femme employée de bureau, la femme institutrice ou professeur ait un moindre salaire que l'homme son collègue. C'est cependant ce qui a lieu. Cela vient sans doute de ce que les femmes ne sont pas aussi fortement organisées que les hommes pour faire valoir leurs droits ; qu'elles se heurtent à l'hostilité des hommes qui redoutent leur concurrence ; enfin, qu'elles sont surtout aptes aux emplois pour lesquels il y a encombrement, c'est-à-dire où l'offre est surabondante[1].

1. En France, la moyenne du salaire féminin dans l'industrie n'est que la moitié du salaire masculin, 2 fr. 20 contre 4 fr. 20. On a calculé que l'ouvrier parisien, si l'on ne tient pas compte des périodes de chômage, gagne en moyenne 6 fr. 25 par jour et 1 800 francs par an, et la femme 3 fr. 15 et 900 francs. En province, les chiffres sont : 3 fr. 90 et 1 130 francs pour l'homme : 2 fr. 15 et 620 francs pour la femme.

7. — Les salaires sont différents dans les divers pays et dans les diverses professions.

Les salaires varient de pays à pays et, dans les mêmes pays, des villes aux campagnes, à cause de la cherté plus ou moins grande de la vie. Quant aux différences qu'on observe entre les diverses professions, elles tiennent à des causes multiples dont les principales sont la longueur et le coût de l'apprentissage, les risques de la profession, la plus ou moins grande fréquence des chômages, les agréments ou les désagréments du métier, les aptitudes spéciales. Adam Smith, dans le chapitre célèbre sur les *circonstances qui agissent sur les salaires*, que nous avons déjà cité, établit qu'au fond il y a compensation entre les avantages et les inconvénients des divers travaux. Bien qu'elle semble paradoxale, cette opinion est cependant conforme à la vérité, pourvu qu'on la prenne dans ses justes limites : « La plupart des différences entre les salaires, dit Rossi, s'expliquent ou par une différence dans le travail, ou par cette circonstance que le travail n'est pas seul, mais accompagné d'un capital ou d'un danger, ou parce que le travail requiert d'autres conditions pour être utile que le simple travail musculaire ou même le simple travail intellectuel : quelquefois, on paye une qualité morale..., Dès que la rétribution déborde d'un côté, le travail s'y porte ; dès que le salaire est au-dessous de la limite commune, le travail s'éloigne et va chercher ailleurs un taux plus élevé. »

8. — *Les divers modes du salaire.* — Le salaire se prête aux combinaisons les plus variées : l'ouvrier peut être payé à l'heure, à la journée, à la tâche, soit simple soit avec primes, etc.

Le type primitif est le travail à la journée ou à l'heure ; c'est le mode le plus simple et le seul applicable dans certains travaux, mais il demande beaucoup de conscience chez l'ouvrier ou beaucoup de contrôle de la part de l'employeur. Le travail à la tâche ou à la pièce, c'est-à-dire rémunéré d'après la quantité de travail ou le nombre de pièces, quand l'ouvrage peut être exactement mesuré, a été un premier perfectionnement, car chacun est payé en raison de son mérite et de son activité ; il permet au patron de se relâcher de sa surveillance et les bons ouvriers gagnent de meilleures journées, et en général plus honnêtement. Un nouveau perfectionnement a consisté à ajouter au salaire à la tâche une prime pour tout surcroît d'ouvrage produit dans un temps donné : pour les tâches supérieures à la moyenne, l'ouvrier reçoit, par exemple, 1 franc pour la première, 1 fr. 50 pour la seconde, 2 francs pour la troisième et ainsi de suite ; on a ainsi, en quelque sorte, un *salaire progressif*. On peut encore ajouter une nouvelle prime au salaire quand le prix de vente dépasse un certain taux et établir une véritable *échelle mobile des salaires*.

Les économistes célèbrent les mérites du contrat de salaire : « Ce contrat de travail, si merveilleusement souple, se prête encore à bien d'autres combinaisons[1]. Aussi doit-on le considérer comme le contrat type et fondamental dans le monde du travail. Sans le salaire, la plupart des productions réclamant le concours d'un grand nombre d'hommes deviendraient impossibles, parce que personne ne saurait sur quoi compter ni comment pourvoir, en attendant le résultat lointain et incertain de l'entreprise, à ses besoins quotidiens[2]. »

Assurément, le salaire présente des avantages nombreux et incontestables. Assurément, le développement de la civilisation a singulièrement modifié la situation respective de l'ouvrier et du patron depuis le jour où Adam Smith prétendait que les conditions ne sont pas égales

---

1. Notons, par exemple, le *travail en commandite*, c'est-à-dire un contrat entre un patron et une équipe d'ouvriers. Il n'existe encore qu'à l'état d'exception, mais peut-être est-il appelé à tenir une grande place dans l'avenir.

2. Voir dans *les Grands Économistes*, p. 475 : P. Leroy-Beaulieu, *le Salaire*.

et que l'ouvrier n'est pas libre, car le patron pouvant attendre et l'ouvrier ne le pouvant pas, le patron seul fixe les conditions du travail. L'ouvrier, comme nous le montrerons au chapitre suivant, n'est plus désarmé en face du patron, et l'industriel dépend beaucoup plus aujourd'hui de ses ouvriers que ses ouvriers ne dépendent de lui : n'a-t-il pas des échéances, des commandes à livrer ? Néanmoins, il serait bien téméraire d'affirmer que les conditions du travail resteront dans l'avenir les mêmes qu'aujourd'hui : « L'esclavage et le servage ont été transitoires, pourquoi le salariat serait-il éternel ? », dit le socialiste Benoît Malon. N'est-ce pas, d'ailleurs, ce que semblent penser les industriels eux-mêmes quand ils cherchent à associer leurs ouvriers à la fortune de leur entreprise par la participation aux bénéfices[1] ?

Déjà les pouvoirs publics ne se bornent pas à veiller à la salubrité des ateliers ; mais, au moyen des cahiers des charges, l'État et les municipalités imposent aux adjudicataires des travaux publics certaines conditions et fixent notamment un *salaire minimum* ou mieux un *salaire normal*, c'est-à-dire le salaire appliqué couramment dans la région.

9. — *Participation des ouvriers aux bénéfices.* — La participation aux bénéfices est née d'un sentiment généreux et habile en même temps, puisqu'elle intéresse les ouvriers à la prospérité de l'entreprise ; malheureusement, elle est d'un usage difficile et limité, et d'ailleurs

1. Le salaire, tel qu'il est organisé aujourd'hui, présente un vice capital : il n'augmente pas, comme le traitement du fonctionnaire, avec l'ancienneté ; au contraire, il va en diminuant à partir d'un certain âge. D'ailleurs, les salaires sont insuffisants quand la famille est nombreuse. Ainsi, à Roubaix, il est de règle que tout ouvrier ayant plus de quatre enfants, a droit à se faire inscrire au Bureau de bienfaisance, car c'est un fait reconnu que son salaire ne suffit plus à faire vivre une famille au-dessus de ce chiffre. (Ch. GIDE, *Économie sociale.*)

elle ne fait pas disparaître l'antagonisme entre le capital et le travail.

Le salariat, quelque perfectionné qu'on le suppose, conserve un grave défaut : l'ouvrier n'a toujours qu'un rôle en quelque sorte passif, et qu'un intérêt médiocre au succès de l'entreprise. Aussi l'idée est-elle venue à des industriels de faire des ouvriers leurs associés, au moins dans une certaine mesure, en leur accordant une part dans les bénéfices.

De nombreux essais ont été tentés dont quelques-uns ont donné d'excellents résultats. Un des plus célèbres est celui de la maison Leclaire, Defourneau et Cie, entreprise de peinture en bâtiments[1], dont le succès fut dû aux causes suivantes : 1° la main-d'œuvre a dans cette profession un rôle prépondérant vis-à-vis du capital, et il peut facilement y avoir gaspillage des couleurs ; 2° le rôle du patron est secondaire et presque effacé et la surveillance très difficile ; 3° de nombreuses commandes vinrent à la maison par suite de la réclame exceptionnelle faite par la presse et des encouragements du gouvernement impérial. Aussi, tout en payant bien ses ouvriers et en leur distribuant un dividende important, en moyenne 20 % des salaires, M. Leclaire put, en outre, assurer une pension viagère de 500 à 1 000 francs à tout ouvrier ayant cinquante ans d'âge et appartenant à la maison depuis vingt ans. Cette pension de retraite atteint aujourd'hui 1 500 francs.

Par contre, beaucoup des tentatives faites ont échoué. D'ailleurs, la participation n'est pas toujours possible. Sans compter qu'elle ne peut s'adresser aux ouvriers nomades, ni s'appliquer aux pertes auxquelles les ouvriers ne sauraient participer, puisqu'ils ne sont pas responsables de la gestion, comment constater les bénéfices ?

---

1. Voir *les Grands Économistes*, p. 378. — C'est en 1842 que M. Leclaire établit la participation, malgré la mauvaise volonté du gouvernement de Juillet. La maison porte aujourd'hui la raison sociale : Redouly, Valmé et Cie.

Permettra-t-on aux ouvriers de s'immiscer dans le contrôle et la direction des entreprises ?

La participation, enfin, ne supprime pas le salaire qui subsiste comme la partie principale de la rémunération du travail ; elle y ajoute seulement quelque chose, et d'ordinaire peu de chose, un dixième ou un cinquième au plus. Comme le dit M. Leroy-Beaulieu, elle est comme « un condiment qui relève le goût de la nourriture, qui la rend plus agréable, plus salubre, mais qui n'est pas la nourriture elle-même ». C'est une solution philanthropique[1], si l'on veut, mais qui ne fait pas disparaître l'antagonisme entre patrons et ouvriers. La vraie solution, c'est l'association entre travailleurs devenus actionnaires, c'est-à-dire copropriétaires de l'entreprise ; et qu'on ne croie pas que cela soit impossible : « Si les ouvriers épargnaient seulement les sommes énormes qu'ils consacrent aux boissons alcooliques qui les abrutissent, en vingt ans ils pourraient acheter toutes les manufactures où ils travaillent[2]. »

D'ailleurs, les exemples sont nombreux d'industries où les ouvriers sont intéressés directement à l'entreprise, soit qu'ils soient associés à la direction sous la forme de Conseils d'usine ou de Chambres d'application, comme l'a fait le comte de Chambrun à Baccarat ; soit que, devenus actionnaires, ils participent en outre aux risques comme aux bénéfices, ainsi que cela a lieu à la papeterie Laroche-Joubert, à Angoulême, où 41 % du capital, 1 783 000 francs sur 4 320 000 francs, appartenaient aux ouvriers en 1900 ; soit que même le patron ait disparu ; ainsi, le Bon Marché appartient aujourd'hui à 800 em-

---

1. Il en est de même des *subventions en nature* : logement, soins médicaux, versements à des sociétés de prévoyance, etc., pratiquées par nombre de patrons. En 1899, nos six grandes Compagnies de chemins de fer ont dépensé de ce fait plus de 65 millions, ce qui représentait 18 % pour les 363 millions de salaires et traitements payés.

2. De Laveleye, *Éléments d'économie politique*. Hachette et Cie, éditeurs.

ployés sur 3 000 environ. Mais l'exemple le plus célèbre est celui du *Familistère*, fondé à Guise par M. Godin, en 1846, sur les plans de Fourier. En 1876, il établit la participation de ses ouvriers aux bénéfices, et en 1880 il leur transféra son établissement estimé 4 600 000 francs, qui devaient être payés avec les bénéfices ; « mais les délais furent très abrégés, car en 1888 Godin mourut et légua à ses ouvriers les 3 100 000 francs qui restaient à solder ». Le *Familistère* appartient aujourd'hui à ses 1 800 ouvriers, et lorsque l'un d'eux se retire, la Société lui rembourse ses actions qu'elle transfère à celui qui le remplace. Il est intéressant de noter que « la répartition des bénéfices s'y fait à peu près selon la formule de Fourier, entre le Travail, qui reçoit 37,5 %, le Capital, 37,5 %, et le Talent 25 %[1] ».

1. Ch. Gide, *Économie sociale*, p. 375. — Voir aussi *les Grands Économistes*, p. 223.

CHAPITRE IV

LES ASSOCIATIONS OUVRIÈRES

Sociétés coopératives de production. — Syndicats agricoles. — Anciennes corporations. — Syndicats professionnels. — Unions syndicales et Bourses du Travail. — Les grèves.

1. — *Sociétés coopératives de production.* — Les ouvriers peuvent, en s'associant, supprimer l'entrepreneur et remplacer le salariat par l'association. Mais pour qu'une coopérative de production réussisse, il faut aux associés beaucoup de sagesse, et un esprit de discipline qui leur fait trop souvent défaut.

Tandis que les patrons essayaient de la participation aux bénéfices pour établir le bon accord entre le travail et le capital, les ouvriers, de leur côté, organisaient des sociétés coopératives, dans le but de supprimer l'entrepreneur et de substituer au salaire le partage des bénéfices[1]. Rien n'est plus légitime que ces associations de travailleurs pour produire en commun sans subir la loi du patron et s'emprunter réciproquement leurs petites épargnes sans payer tribut au banquier, de façon à constituer en somme des compagnies dont les actions sont aux mains des ouvriers employés[2]. Un grand nombre

1. Voir dans *les Grands Économistes*, p. 376 : Stuart Mill, *le Salariat remplacé par l'association.*

2. Voir p. 116, en note, quelques détails sur les associations coopératives de crédit.

de coopératives se sont ainsi fondées en France, notamment à Paris, depuis vingt-cinq ans surtout. On en comptait 335 en 1903, dont un tiers à Paris, faisant 60 millions d'affaires.

Il semble que de semblables entreprises soient appelées à réussir, car, comme le dit M. Léon Bourgeois : « L'association n'additionne pas les efforts individuels aux efforts individuels ; l'association multiplie les efforts individuels par les efforts individuels, et là où l'on est dix, on a la force de cent. » C'est ainsi que de pauvres blanchisseuses dans la plus grande détresse, parce qu'elles étaient absolument sans ouvrage depuis plusieurs mois, en ont trouvé tout à coup en s'associant et bien plus qu'elles n'en pouvaient faire.

Pourtant, beaucoup de coopératives ont eu peu de succès, surtout dans les entreprises compliquées. C'est qu'elles ne disposent, en général, que d'un capital insuffisant[1]; mais c'est aussi que pour réussir, il faut à toute entreprise unité de dessein et d'action : si l'autorité s'éparpille, le désordre et la ruine suivent inévitablement. Il faut à la tête un homme d'une grande intelligence, d'une honorabilité à toute épreuve, d'une abnégation sans égale, qu'il est souvent difficile de rencontrer. D'ailleurs, les ouvriers ont tendance à se considérer tous comme des patrons ayant des droits égaux; ils obéissent souvent mal aux pouvoirs qu'ils ont constitués, abusent du principe électif, choisissent des chefs peu capables et en changent trop souvent, ou rétribuent mal ceux qui sont à la hauteur de leur mission.

Par contre, certaines coopératives ont donné de merveilleux résultats. Telles sont notamment la Boulangerie

1. La loi du 24 juillet 1867 limitait leur capital à 200 000 francs et fixait à 50 francs le minimum des actions. Depuis, la loi du 1er août 1893 a supprimé le minimum de 50 francs, sans limitation du capital total, à charge seulement de ne pas dépasser un chiffre d'augmentation de 200 000 francs par an.

coopérative de Roubaix et l'Imprimerie nouvelle, à Paris. La Verrerie ouvrière d'Albi, après des débuts difficiles, est aujourd'hui en pleine prospérité : elle a fait en 1903 un chiffre d'affaires de 774 000 francs et réalisé 84 000 francs de bénéfices. Il en est de même des Mineurs de Montceau et de l'Association des charpentiers de Paris, la première maison de Paris dans son genre.

Non seulement la coopération assure à l'ouvrier l'indépendance et la sécurité du lendemain, ce qui est le but poursuivi ; mais il n'est pas impossible qu'à un moment donné toutes les ressources confédérées de toutes les sociétés coopératives d'une grande contrée, jointes à celles des plus importants acheteurs ou consommateurs[1], et grâce à l'appui de l'État et des villes, ne soient en état de faire échec aux entreprises particulières : tout le monde est plus riche que quelques-uns ; et l'on peut prévoir que dans l'avenir tous les travailleurs devenus capitalistes sur une petite échelle, et ayant acquis l'éducation et l'expérience, les fabriques coopératives d'ouvriers réussiront partout ; mais nous n'en sommes pas encore là. En attendant, les coopératives elles-mêmes emploient des ouvriers salariés, par suite de la nécessité d'un gain régulier et assuré et aussi de la mobilité du personnel dans certaines industries. Il est vrai, d'ailleurs, qu'elles les admettent généralement au partage des bénéfices.

2. — *Syndicats agricoles.* — C'est dans l'industrie agricole qu'ont été obtenus et que peuvent être obtenus les meilleurs résultats.

Le Danemark a donné l'exemple par l'institution d'une laiterie coopérative en 1882. Ce pays en compte aujourd'hui plus d'un millier, avec 150 000 sociétaires qui vendent 70 millions de kilogrammes de beurre par an. De semblables associations se rencontrent également en

1. Voir *Coopératives de consommation*, p. 138.

grand nombre en Allemagne et en Suisse. En France, de nombreux syndicats agricoles se sont formés à la suite de la loi du 21 mars 1884, et ils rendent de grands services aux agriculteurs[1]. Par l'achat en commun, non seulement on supprime le bénéfice des intermédiaires, mais on bénéficie des prix réduits accordés à l'acheteur en gros et de la diminution des frais de transport, et l'on est mieux servi, les gros clients étant toujours plus considérés et mieux traités que les petits. Pour la vente, on supprime également les intermédiaires, car le syndicat se met directement en relations avec l'un des grands facteurs des Halles centrales de Paris. Enfin, on réduit au minimum les frais d'installation et les frais généraux, et, grâce à un outillage perfectionné et à l'emploi des procédés les plus récents, on obtient de meilleurs produits et à meilleur marché[2].

Peut-être, les *syndicats vinicoles* sont-ils appelés à prospérer comme les fruiteries et les beurreries coopératives et à atténuer la crise causée dans le Midi par la mévente des vins. Sans supprimer la propriété individuelle, *les vignerons libres* de Maraussan, près de Béziers, dont M. Jaurès nous conte l'histoire, « travaillent chacun leur tout petit domaine ; mais ils ont commencé par avoir un chai commun, une cave coopérative commune. Ils ont pu ainsi, par le mélange de leurs vins, créer quatre ou cinq types et avoir leur marque. Par là, il leur a été possible d'entrer en rapports avec les coopératives ouvrières de consommation, notamment les grandes coopératives parisiennes[3]. »

3. — *Les anciennes corporations.* — Les anciennes corporations, après avoir été la sauvegarde des travailleurs de l'ancien régime, sont devenues avec le temps,

1. Au 1er janvier 1905, on comptait 3 116 syndicats, réunissant 659 953 membres.

2. Voir *Jean Lavenir* de MM. Ed. Petit et G. Lamy. Alcide Picard, éditeur.

3. Journal *l'Humanité*, 7 mai 1905.

par suite du monopole, des instruments d'oppression et ont été supprimées par la Révolution française.

L'association n'est pas chose nouvelle. Dès le moyen âge, les travailleurs s'étaient groupés en associations ou corporations de gens d'un même métier pour se défendre mutuellement contre leurs ennemis d'alors, les seigneurs féodaux et les soldats pillards. Ces corporations organisées par saint Louis avaient chacune leurs *statuts* et leurs *jurés* pour régler leurs différends. Elles imposaient à leurs membres un apprentissage assez long et fort sérieux; d'*apprenti* on devenait *compagnon*, c'est-à-dire ouvrier; puis, après de nouvelles épreuves, *maître*, s'il se produisait des vacances parmi les maîtres et si l'on avait de quoi s'établir. Elles eurent d'abord d'heureux résultats et firent régner l'ordre et la discipline dans le commerce et l'industrie en proie à l'anarchie et au désordre; mais des abus nombreux et criants ne tardèrent pas à s'y glisser. Assez ouvertes au début, elles devinrent bientôt des compagnies fermées ne se recrutant que parmi les enfants, gendres ou parents des maîtres. Investies d'un monopole, elles imposèrent au commerce et à la fabrication des lois tyranniques et oppressives, calculées de façon à barrer le chemin à tout inventeur, à tout novateur, quelque bien inspiré qu'il fût.

Véritable féodalité de l'atelier, elles en étaient arrivées à n'avoir plus guère d'autre avantage que de faire payer plus cher au public de plus mauvais produits. Aussi furent-elles violemment attaquées par les philosophes et les littérateurs du XVIIIe siècle et supprimées par Turgot[1]. « On raconte, dit Louis Blanc, que le jour où la chute des corporations fut décidée, il y eut à Paris de singuliers et fougueux transports. Les ouvriers quittaient en foule leurs maîtres. On en vit qui couraient par la ville, éperdus de joie, quelques-uns se promenaient triomphalement

1. Voir dans *les Grands Économistes*, p. 141 : *Édit proclamant la liberté du travail.*

en carrosse, tandis que répandus dans les salles de festin, la plupart célébraient par de gais repas l'émancipation promise, et répétaient en chœur ce mot si cher et si doux : la liberté. »

Rétablies après la chute du ministre libéral, elles furent définitivement supprimées par la Révolution. Toutefois, le décret-loi, du 14 juin 1791, qui abolit les corporations de métiers, ne fit disparaître ni le compagnonnage, ni les corporations de maîtres, sous la surveillance étroite de la police. Mais obligées de se cacher et dépendant du bon plaisir du pouvoir, ces associations impuissantes pour le bien n'étaient capables que de fomenter des grèves. Aussi le gouvernement impérial, à partir de 1860, permit-il aux artisans, soit patrons, soit ouvriers, de former des associations pour la défense de leurs intérêts. Alors se fondèrent un certain nombre de *chambres syndicales* ou *syndicats professionnels*, mais qui restèrent paralysés par de nombreuses entraves jusqu'à la loi de 1884.

4. — *Les syndicats professionnels.* — **La loi du 21 mars 1884 a établi la liberté complète de l'industrie et amené la formation de nombreux *syndicats professionnels.* Ils constituent aux ouvriers une aide puissante pour la défense de leurs intérêts et pour l'amélioration matérielle et morale de leur situation.**

La liberté complète n'a été accordée à l'industrie que par la loi du 21 mars 1884, qui permet aux syndicats de se constituer sur une simple déclaration préalable et le dépôt de leurs statuts et du nom de leurs administrateurs. Aussitôt se sont constitués de nombreux syndicats tant de patrons que d'ouvriers, et même quelques syndicats mixtes, mais qui ont eu peu de succès à cause des intérêts différents de leurs membres. Les plus importants de ces syndicats sont les syndicats d'ouvriers. On en comptait en France au 1er janvier 1904, 4 625 avec 781 344 membres[1],

1. Cela ne représente pour l'ensemble des 11 millions et demi de salariés français qu'une faible proportion de 6,75 %. Pour les

véritable armée de travailleurs unis pour la défense de leurs intérêts professionnels. Ces syndicats jouissent de la *personnalité civile*, c'est-à-dire qu'ils peuvent acquérir les immeubles nécessaires à leurs réunions, qu'ils ont le droit de plaider, d'établir des offices de renseignements pour le placement gratuit de leurs membres en tenant des registres de demandes et d'offres de travail, de créer des caisses de secours et de retraites et de fonder des cours professionnels spéciaux. Ils veillent à la bonne exécution des contrats d'apprentissage, provoquent la formation de sociétés coopératives de diverses formes, surtout de production ; enfin, ils s'occupent de la défense des intérêts professionnels, notamment en ce qui concerne les conditions du travail et le taux des salaires. Pour subvenir à toutes ces charges, les syndiqués payent une cotisation mensuelle fixée par leurs statuts, ordinairement 0 fr. 50 par mois.

5. — Les syndicats particuliers peuvent se grouper en *Unions syndicales* qui ont pour centres les *Bourses du Travail ;* mais le gouvernement reste armé pour les empêcher de devenir oppressifs comme les anciennes corporations.

Les syndicats professionnels peuvent se grouper et former des *Unions syndicales*, sous la seule condition de faire connaître les syndicats qui en font partie. On comptait, en 1904, 156 unions embrassant 3 418 syndicats.

---

femmes, la proportion tombe même à 3 % (60 000 sur 1 800 000). Mais, si l'on ne considère que les salariés de l'industrie, du commerce et des transports (4 millions environ), la proportion est de 17 % pour les hommes et de 4 % pour les femmes.

Les ouvriers syndiqués sont 1 million en Allemagne et 2 millions en Angleterre.

Les syndicats de patrons sont moins nombreux, 2 557, avec 205 663 membres en 1903; mais proportionnellement, il y a plus de patrons syndiqués que d'ouvriers syndiqués. Quant aux syndicats mixtes, qui n'avaient pas réussi (162 en 1900 avec 29 044 membres), ils ont pris depuis quelque temps une forme nouvelle : ce sont les *syndicats jaunes* qui ont engagé la lutte contre les syndicats ouvriers.

L'association ouvrière acquiert ainsi une véritable puissance, analogue à celle des *Trade-Unions* anglaises, qui ont si fortement organisé le travail chez nos voisins. Déjà tout le monde sait quelle importance a prise la *Bourse du Travail de Paris*, organe et centre de ralliement des nombreux syndicats, dont elle coordonne les efforts et la propagande. Fondée en 1886 par le Conseil municipal qui la subventionne, elle a rendu aux ouvriers de tels services que la plupart des grandes villes ont suivi l'exemple de Paris. En 1904, on comptait en France 111 Bourses du Travail, embrassant 2121 syndicats et 335 000 membres[1].

On pourrait même craindre que ces institutions si puissantes ne deviennent oppressives et ne renouvellent quelques-uns des abus des anciennes corporations. N'a-t-on pas vu les *Trade-Unions* émettre, par exemple, la prétention d'interdire le travail à la tâche, de fixer un maximum de travail pour un temps donné et d'exclure les femmes et les enfants de tout travail dans les manufactures[2] ? Pour empêcher les syndicats de devenir exclusifs et tyranniques à leur tour, la loi française stipule que tout ouvrier a le droit de sortir du syndicat dès qu'il le veut. Les tribunaux connaissent de toutes les infractions à la loi, qui sont passives d'une amende de 16 à 200 francs, ou même 500 francs en cas de fausse déclaration; et ils ont le droit, s'il y a lieu, de prononcer la dissolution du syndicat.

---

1. La création des Bourses du Travail est due à un économiste, M. de Molinari, qui les préconisait, dès 1845, comme des institutions de placement pour les ouvriers ; elles devaient être, disait-il, « pour les transactions des travailleurs ce que sont les Bourses actuelles pour les opérations des capitalistes ». Et c'est bien là encore leur fonction essentielle. En 1900, elles ont placé plus de 100 000 ouvriers.

2. Les syndicats sont parfaitement dans leur rôle lorsqu'ils s'emploient à la limitation du nombre des apprentis, car les métiers manuels ont, tout comme les professions libérales, à s'inquiéter de l'encombrement de la carrière et de « la formation du prolétariat de la misère » (Ch. Gide); mais ils tombent dans les mêmes errements que les anciennes corporations, lorsque, par exemple, ils veulent, comme les ouvriers gantiers, que nul ne puisse apprendre le métier s'il n'est fils d'ouvrier gantier.

En tout cas, avec leurs Syndicats et leurs Unions syndicales les ouvriers sont loin aujourd'hui d'être désarmés en face des patrons. Il serait plus vrai de dire qu'ils les tiennent à leur merci, grâce à l'arme redoutable de la grève.

6. — *Les grèves.* — **La grève est le refus de travailler. C'est une arme dangereuse à laquelle il ne faut recourir qu'à la dernière extrémité. Toutefois, il est incontestable que les ouvriers lui sont redevables de nombreuses améliorations à leur sort.**

Il y a *grève* quand les ouvriers refusent de travailler s'ils n'obtiennent pas telle ou telle condition. Quand, au contraire, un ou plusieurs patrons renvoient subitement tous les ouvriers qui ne veulent pas accepter un salaire moindre ou quelque modification du travail, cela s'appelle un *lock out.* La grève est devenue légale en France depuis l'abolition des articles 414, 415 et 416 du Code pénal. Personne, du reste, n'en conteste plus la légitimité. Chacun est libre de refuser son travail, comme il est libre de refuser de vendre sa marchandise s'il n'en obtient pas le prix qu'il en demande. Mais si la grève est un droit pour l'ouvrier, si elle est légale — à condition d'être entièrement volontaire chez ceux qui s'y livrent, et que les ouvriers qui refusent le travail ne portent pas atteinte à la liberté de ceux qui veulent travailler — son emploi est souvent un malheur. Elle est, en effet, une arme à deux tranchants : si elle éprouve le capital auquel elle fait perdre beaucoup d'argent, elle cause aussi parfois des souffrances inouïes aux ouvriers et à leurs familles[1] ; et il est arrivé que des grèves ont tué une industrie dans certaines localités.

Avant d'en venir à cette solution brutale, les ouvriers ont à leur disposition la mise à l'index ou *boycottage* des patrons qui se refusent à accepter les conditions du

1. Voir dans *les Grands Économistes,* p. 339 : LÉON FAUCHER, *les Effets d'une grève.*

syndicat. Ils proscrivent les produits qui ne portent pas le *label*, c'est-à-dire l'étiquette syndicale appliquée sur les articles fabriqués dans les établissements qui acceptent leurs conditions. Ce procédé est très employé aux États-Unis où des ligues de consommateurs s'imposent la règle de n'acheter que des marchandises portant la marque bleue.

On peut encore recourir à l'*arbitrage*, et on le fait de plus en plus aujourd'hui dans les conflits industriels, comme cela a lieu dans les conflits politiques. Cette coutume importée d'Angleterre a, par une loi de 1892, été introduite en France où elle commence à se répandre[1].

Ce n'est qu'à la dernière extrémité qu'on a recours à la grève. Du reste, la crainte de la grève est aussi efficace que la grève même, car les industriels ne s'y laissent guère acculer que lorsqu'il leur est impossible de faire autrement. En tout cas, on ne peut nier que les grèves n'aient été, en somme, plus utiles que nuisibles à la classe ouvrière. On s'exagère, en effet, les pertes qu'elles occasionnent aux ouvriers : on a calculé que sur un milliard environ de journées de travail pour les ouvriers de l'industrie et du commerce, 2 225 000 seulement ont été perdues par les grèves en 1900, soit environ deux tiers de journée par ouvrier et par an. Par contre, ils sont redevables aux grèves de sérieuses augmentations de salaires et d'importantes diminutions dans la durée du travail; « et ce gain-là est plus précieux que celui qui résulte de l'accroissement des salaires, car, à la rigueur, on peut rester un homme en ne touchant qu'un pauvre salaire, tandis qu'on ne peut l'être sans disposer d'un minimum

---

1. En onze ans, de 1893 à 1903, sur 5 874 grèves, on a eu recours aux bons offices des juges de paix pour 1 413. Il est vrai qu'une solution amiable n'est intervenue que dans 442 cas seulement, soit 7,5 %. Plus efficace est l'action des *Conseils de Prud'hommes* qui, en 1903, ont concilié à l'amiable 18 591 affaires sur 43 832 qui leur ont été soumises, soit 42 %. En 1898, la proportion des différends conciliés avait même atteint 70 %, 35 556 sur 50 823.

de loisir[1]. » Ajoutons, d'ailleurs, que les patrons qui ont diminué la durée du travail n'ont eu généralement qu'à s'en louer : même avec des journées de huit heures, les Anglais et les Américains n'ont pas eu à constater de diminution dans le rendement[2]. Il serait même à désirer de voir les patrons accorder à leurs ouvriers de vraies vacances, dont ils ont besoin autant que les fonctionnaires et les employés.

1. Ch. Gide, *Économie sociale*, p. 133.

2. Les ouvriers qui réclament la journée de huit heures ne prétendent pas que la production sera la même avec huit heures qu'avec dix ou onze, mais font valoir qu'on arrivera ainsi à réduire le chômage.

CHAPITRE V

LE SOCIALISME

Critiques adressées au monde actuel de répartition : le Communisme, le Collectivisme, le Coopératisme.

Les *Socialistes* trouvent mauvaise l'organisation actuelle de la société, et ils veulent la transformer. Après avoir été d'abord *Communistes*, ils sont devenus *Collectivistes*. A côté d'eux, les *Solidaristes* cherchent dans le développement de la *Coopération* le remède aux vices de l'organisation sociale.

Les socialistes s'élèvent avec la plus grande énergie contre l'organisation de la société actuelle, fondée sur la propriété individuelle et la libre concurrence qu'ils accusent de tous les maux. Ils veulent réformer la société par l'action de l'État dont ils augmentent les attributions aux dépens des entreprises privées, de manière à en faire comme « le conseil d'administration d'une sorte d'immense société coopérative, embrassant le pays tout entier[1] ». (Ch. Gide.)

Le socialisme a fait réellement son apparition en France, en 1795, sous la Révolution, avec *Babeuf*, qui,

---

1. Pour plus de développements dans l'exposé et la critique des diverses doctrines socialistes, voir notamment les *Éléments d'économie politique* de P. BEAUREGARD. Consulter aussi dans *les Grands Économistes* les biographies et les extraits de MABLY, J.-J. ROUSSEAU, SAINT-SIMON, FOURIER, PROUDHON et LOUIS BLANC.

se posant en Messie de l'égalité absolue, voulut fonder une République sur le principe de la communauté des biens. On sait comment il ourdit une conspiration pour s'emparer du pouvoir, fut arrêté, condamné à mort, et se poignarda devant ses juges.

Vers le même temps, *Robert Owen*, en Angleterre, après avoir pratiqué dans sa manufacture de New-Lanark une espèce de communisme tempéré par l'administration patriarcale d'un chef, — première application des sociétés coopératives de production et de consommation, — en arriva à concevoir une société sans principes ni hiérarchie. Mais les entreprises communalistes qu'il tenta échouèrent.

Après la compression du premier Empire, un nouvel évangile socialiste fut prêché par *Saint-Simon*. Sa doctrine, l'*Industrialisme*, se résume dans la formule célèbre : *A chacun selon sa capacité, à chaque capacité selon ses œuvres ;* elle exprime bien l'idéal de la justice, mais comment le réaliser ? Saint-Simon finit par s'attribuer la mission d'évangéliste et de prophète, et, s'inspirant des vrais principes du christianisme, jusque-là faussés par l'Église, il voulait établir un pouvoir religieux régénéré qui dirigerait la société vers le grand but de *l'amélioration la plus rapide possible du sort de la classe la plus nombreuse et la plus pauvre.* Des prêtres, des savants, des industriels, voilà toute la société ; les chefs des prêtres, les chefs des savants, les chefs des industriels, voilà tout le gouvernement (Reybaud). Après sa mort (1825), ses disciples, Enfantin, Bazard, Auguste Comte... tentèrent, sans succès, l'application de cette doctrine ; mais toutefois, en réhabilitant le travail, les saint-simoniens ont appelé sur les classes laborieuses la sollicitude trop longtemps indifférente du pouvoir et des classes élevées (Blanqui).

Fourier vint ensuite, qui vantant les vertus de l'association, voulut transformer les salariés en coassociés et en co-intéressés. Pour cela, il associait les hommes en *capital, travail* et *talent* et réalisait la société nouvelle, l'*Harmonie*, dans le *Phalanstère*. Diverses tentatives faites en France et aux États-Unis n'eurent aucun succès[1], et montrèrent que si quelques-unes des idées de *Fourier* sont applicables, il a fait surtout preuve d'une prodigieuse imagination. Ajoutons cependant, que si ce fut un utopiste, ce fut du moins un utopiste homme de bien qui n'a poursuivi toute sa vie qu'un rêve, le bonheur universel.

Enfin, après la Révolution de 1848, de nouveaux systèmes virent le jour, comme l'*Organisation du travail* de *Louis Blanc* et le *Mutuellisme* ou la *Gratuité du Crédit* de *Proudhon*, sans aboutir non plus à rien de sérieux.

Aujourd'hui, tous ces systèmes *communistes*, fondés sur la suppression de la propriété privée[2], sont abandonnés pour une théorie nouvelle, le *Collectivisme*, dont le trait dominant est la disparition nécessaire du capital et du salariat. Né en Allemagne, le collectivisme, dont le plus brillant représentant fut *Lassalle*, a eu son théoricien dans *Karl Marx* avec son célèbre ouvrage *le Capital* (1867), devenu l'évangile du socialisme économique contemporain. Les deux bases principales sur lesquelles Marx établit sa critique des conditions actuelles du travail, sont sa *théorie de la valeur d'échange*, déterminée par la quantité de travail dépensé[3] et sa *théorie du capital*, qui, suivant lui, né de la plus-value du travail de l'ouvrier, grandit et fructifie sans cesse à ses dépens[4].

---

1. M. Godin a depuis réalisé en partie les idées de Fourier dans e *Familistère de Guise*. Voir plus haut, p. 63. Voir aussi dans *les Grands Économistes*, p. 304 : REYBAUD, *Description du Phalanstère*.

2. Les *anarchistes* suppriment de même la propriété, mais eux sont individualistes à outrance et veulent arriver à la communauté des biens par le développement sans frein de l'individualité humaine.

3. Au sujet de la valeur, voir plus loin, p. 85.

4. C'est d'après cette théorie que les socialistes prétendent que les employeurs ne payent pas à l'ouvrier l'*intégralité de son salaire*, c'est-à-dire toute la plus-value que son travail apporte au produit abriqué.

Le collectivisme ne se donne pas comme un *système*, mais comme une démonstration et prétend s'appuyer sur la science seule. « Il ne propose pas un idéal désirable de justice ou de fraternité, mais il a la prétention de représenter l'ordre de choses *auquel tendent d'elles-mêmes les sociétés modernes* poussées, bon gré, mal gré, par les lois d'une évolution fatale[1]. » (Ch. Gide.)

---

1. « A mesure que grandit la bourgeoisie, c'est-à-dire le capital, à mesure aussi grandit le prolétariat, je veux dire cette classe des ouvriers modernes, qui n'ont de moyens d'existence qu'autant qu'ils trouvent du travail, et qui ne trouvent du travail qu'autant que leur travail accroît le capital. Ces ouvriers en sont réduits à se vendre eux-mêmes en détail. Ils sont une marchandise, un article de commerce comme un autre, et ils subissent le contre-coup, dès lors, de toutes les alternatives de la concurrence, de toutes les oscillations du marché.

« Le développement du machinisme et de la division du travail ont enlevé toute indépendance au travail des prolétaires; et du même coup le travailleur ne peut plus prendre goût à son travail. Il est devenu un simple appendice de la machine, et on ne lui demande que la manœuvre la plus simple, la plus monotone, la plus facile à apprendre. Pour avoir des ouvriers, il n'en coûte guère plus aujourd'hui que la dépense de ce qu'il leur faut pour vivre et pour se perpétuer.

« Par l'industrie moderne, le petit atelier du maître-artisan patriarcal est devenu la grande usine du capitaliste industriel. Des multitudes ouvrières, encaquées dans l'usine, y sont organisées militairement. Ce sont les simples soldats de l'industrie, et il y a toute une hiérarchie de sous-officiers et d'officiers pour les surveiller. Il ne suffit pas qu'ils soient les serfs de la classe bourgeoise, de l'État bourgeois : tous les jours et à toute heure ils sont asservis à la machine, au contrôleur, surtout au fabricant bourgeois lui-même, despotisme d'autant plus mesquin, d'autant plus haineux et plus exaspérant, qu'il proclame plus ouvertement le lucre pour sa fin unique.

« A mesure que le travail manuel exige moins d'habileté et de force physique (et il en exige de moins en moins à mesure que l'industrie moderne se développe), on voit le travail des femmes évincer le travail viril. Les différences de sexe et d'âge n'ont plus d'importance sociale pour la classe ouvrière. Les ouvriers ne sont plus que des instruments de travail, dont les frais d'entretien varient avec l'âge et le sexe.

« Et une fois terminée, l'exploitation de l'ouvrier par le fabricant et le salaire payé en espèces trébuchantes, elle n'a pas en-

Les collectivistes ne suppriment pas la propriété individuelle ; du moins ils ne s'attaquent pas au petit atelier de l'artisan et au petit domaine du cultivateur, mais seulement à ceux des *moyens de production* qui sont déjà exploités collectivement, c'est-à-dire par des ouvriers salariés. La mine, la compagnie de chemin de fer, la grande fabrique, la grande propriété ne sont, pour eux, qu'un acheminement à la production collective ; en un mot, ils poursuivent la *socialisation* progressive des instruments de production, et, comme moyens d'y arriver ils préconisent la *lutte des classes*, des ouvriers contre les bourgeois. Ils se divisent en deux écoles, dont le but est le même, il est vrai, mais qui diffèrent sur les moyens à employer pour y arriver : l'une veut recourir à la violence, l'autre compte sur la force de la persuasion et la *conquête des pouvoirs publics* par le suffrage universel, suivant l'idée de Louis Blanc[1].

---

core de fin, car aussitôt accourent les autres espèces de bourgeois, le propriétaire, le commerçant au détail, le prêteur sur gages etc., qui fondent sur l'ouvrier.

« A leur tour les classes moyennes d'autrefois, les petits industriels, les commerçants et les rentiers, les artisans et paysans, tous tombent dans le prolétariat. Leur petit capital ne suffit plus à la marche de la grande industrie ; il succombe dans la concurrence avec les grands capitalistes. Ou bien leur habileté est dépréciée par des méthodes de production nouvelles. Ainsi le prolétariat se recrute dans toutes les classes de la population. » (KARL MARX et FRÉD. ENGELS, *le Manifeste communiste*. Traduction Andler. Bellais, éditeur.)

1. Voici comment ils pensent pouvoir organiser la société qu'ils rêvent, sans déposséder brutalement les capitalistes :

« Vous pouvez vous représenter de deux façons l'indemnité par laquelle le socialisme vainqueur assurerait la transition du régime capitaliste au régime collectiviste.

« Ou bien, il remettrait aux détenteurs actuels du capital, aux propriétaires actuels des mines, des chantiers, des grands domaines, des immeubles à loyer, des valeurs d'État productives d'intérêt et dont l'intérêt serait assuré dans la période de transition par une partie du produit des industries nationalisées. Sur ces valeurs d'État, représentatives de toute l'ancienne propriété capitaliste, la République socialiste établirait, à chaque décès, un impôt fortement progressif sur l'héritage, dont la progression croîtrait de génération

L'État, devenu détenteur de tous les moyens de production, organisera l'industrie sous sa direction. « Les produits seront recueillis dans de vastes magasins, et les travailleurs seront rétribués proportionnellement à la valeur de leur travail par des *bons*, contre lesquels les marchandises qu'ils demanderont leur seront distribuées. Cette conception, affirment les collectivistes, a de grands mérites, parce qu'elle respecte, dans la mesure du possible, l'indépendance des individus. Elle évite le communisme et laisse à chacun le choix de ses consommations, ne porte aucune atteinte à la vie de famille, et maintient même la propriété et l'héritage en les restreignant seulement aux *moyens de consommation*, seules richesses dont l'appropriation ne permette à aucun homme d'exploiter ses semblables. » (P. Beauregard.)

---

en génération. De cette manière, l'ensemble de la société, l'ensemble des travailleurs organisés serait tous les jours un peu plus, et complètement, au bout de deux ou trois générations, affranchi de l'ancienne dîme capitaliste, de l'ancien prélèvement capitaliste. Et cependant, dans cette période, les anciens privilégiés, ménagés dans leurs habitudes auraient eu le temps de s'accommoder, en tout cas d'accommoder leurs enfants et leurs petits-enfants à un régime nouveau d'égalité sociale, où la vie de chacun ne serait assurée que par le travail de chacun et la solidarité de tous.

« ... Il y a une autre forme possible d'indemnité plus nettement socialiste, celle qui suivrait non plus une transformation progressive, mais une transformation totale du système de la propriété. Les détenteurs de l'ancien capital recevraient, non plus des valeurs productives d'intérêt, — puisqu'il n'y aurait plus aucune forme de production portant intérêt, mais que toute la production aurait dès lors le caractère collectiviste et coopératif, — mais ils recevraient des valeurs en assignation sur tous les produits, sur toutes les valeurs consommables, valeurs de bien-être, valeurs d'alimentation, de vêtement, de circulation, de logement, mais valeurs qui s'épuiseraient au fur et à mesure de leur consommation même. Ainsi, par cet autre mode d'indemnité, peu à peu, toutes les valeurs du capital seraient résorbées par la communauté sociale, par les travailleurs associés et organisés sans que cependant à une seule minute, les possédants d'aujourd'hui puissent se plaindre qu'une atteinte brutale et inhumaine ait été portée à leurs habitudes. » (J. JAURÈS, *Discours de Limoges*, octobre 1905. — Voir aussi : SCHAEFFLE, *la Quintessence du socialisme*, et GEORGES RENARD, *le Régime socialiste*.)

A côté de l'école socialiste, nous nous contenterons de mentionner simplement le *Socialisme de la chaire*, ou *Socialisme d'État*, qui se préoccupe de fournir à l'État les moyens d'intervenir efficacement dans la lutte entre le capital et le travail, et le *Socialisme chrétien*, qui n'est qu'une restauration du passé, avec ses corporations, jurandes et maîtrises, sous l'égide de l'Église.

On reproche aux socialistes de vouloir organiser une société où personne n'aurait plus d'intérêt à travailler, et dans laquelle l'intérêt personnel, qui est le ressort essentiel de l'activité humaine, étant supprimé, — à moins qu'on ne suppose les hommes devenus parfaits, ou qu'on n'imagine que la moitié de la nation transformée en fonctionnaires passera son temps à contraindre l'autre à travailler, — la production serait rendue impossible et la misère serait inévitable pour tous. Leur idéal, ajoute-t-on, n'est qu'un « retour aux organisations primitives qui, bonnes pour des tribus peu nombreuses, ont précisément disparu, parce que les progrès de l'esprit humain les ont rendues impraticables ». (P. Beauregard.)

Aussi voyons-nous de nos jours se former une école nouvelle, les *Solidaristes*, qui, tout en reconnaissant eux aussi les vices de notre organisation économique, se distinguent des socialistes en ce qu'ils conservent l'ordre social existant, dont ils se contentent d'atténuer les inégalités « en liant les faibles aux forts par les mille liens de l'association volontaire ». Ils admettent qu'on augmente les attributions de l'État, car l'État n'est que la forme la plus grande de la solidarité humaine ; et, reprenant les idées de Owen et de Fourier, c'est par la coopération qu'ils résolvent la question sociale. Et certes, bien qu'il n'en soit encore qu'à ses débuts, nous avons déjà eu l'occasion et nous l'aurons maintes fois encore par la suite de signaler les résultats auxquels le *Coopératisme* a déjà permis d'arriver[1].

En tout cas, cette école, dit M. Gide, a le grand avan-

1. Voir plus loin, p. 138.

tage de ne pas bouleverser, au moins profondément, l'état de choses actuel ; et, en supposant que son programme ne puisse être réalisé, de ne pas compromettre l'avenir en coulant les sociétés humaines dans un moule uniforme. « La plus grande supériorité du régime social qu'elle prétend instituer, c'est d'être *facultatif*, de ne pas recourir à la force ni révolutionnaire ni même légale, pour supprimer l'organisation économique existante, mais de se servir seulement contre elle de ses propres armes, qui sont la concurrence et la liberté. Il est bon de laisser aux citoyens, entre les divers régimes sociaux, la liberté d'option et la possibilité du repentir[1]. »

---

1. *Principes d'économie politique.*

TROISIÈME PARTIE
LA CIRCULATION

CHAPITRE PREMIER

L'ÉCHANGE

La Vente et l'Échange. — La Valeur. — Le Prix. — Causes qui influent sur les variations des prix : Concurrence et Monopoles.

1. — *L'Échange et la Vente.* — Lorsque les produits ont été répartis et que chacun a reçu sa part, commence la phase de la *circulation.* Chacun cède ce qu'il a en trop pour se procurer ce dont il a besoin. C'est *l'échange;* on l'appelle *vente* quand la cession est faite contre une somme d'argent.

Théoriquement l'échange pourrait ne pas exister : il n'existe pas pour Robinson dans son île inhabitée ; mais, dans l'état de civilisation, la circulation des richesses est le complément forcé de la production : le laboureur a plus de blé qu'il n'en consommera, mais il a besoin de vêtements, de charrues, et de mille autres choses ; le cordonnier ne saurait que faire de tous les souliers qu'il a produits ; et il en est de même de tous les producteurs, quels qu'ils soient. Chacun d'eux se procure par l'échange de son superflu ce qui lui est nécessaire. Et, chose merveilleuse, contrairement à ce que prétend

Karl Marx que l'échange ne peut enrichir l'un qu'en appauvrissant l'autre, chacun gagne au marché qu'il conclut et a raison de croire qu'il recoit plus qu'il ne donne. C'est ce que Bastiat a montré de façon lumineuse[1].

« Prenons, dit-il, un homme appartenant à une classe modeste de la société, un menuisier de village, par exemple, et observons tous les services qu'il rend à la société et tous ceux qu'il en reçoit :

« Cet homme passe sa journée à raboter des planches, à fabriquer des tables, des armoires ; il se plaint de sa condition, et cependant que reçoit-il en réalité de cette société en échange de son travail ?

« D'abord, tous les jours en se levant, il s'habille, et il n'a personnellement fait aucune des nombreuses pièces de son vêtement. Or, pour que ces vêtements, tout simples qu'ils sont, soient à sa disposition, il faut qu'une énorme quantité de travail, d'industries, de transports, d'inventions ingénieuses, ait été accomplie. Il faut que des Américains aient produit du coton, des Indiens de l'indigo, des Français de la laine et du lin, des Brésiliens du cuir ; que tous ces matériaux aient été transportés en des villes diverses, qu'ils y aient été ouvrés, filés, tissés, teints, etc.

« Ensuite il déjeune. Pour que le pain qu'il mange lui arrive tous les matins, il faut que des terres aient été défrichées, closes, labourées, fumées, ensemencées ; il faut que les récoltes aient été préservées avec soin du pillage ; il faut que le froment ait été récolté, broyé, pétri et préparé ; il faut que le fer, l'acier, le bois, la pierre aient été convertis par le travail en instruments de travail ; que certains hommes se soient emparés de la force des animaux, d'autres du poids d'une chute d'eau, etc... ; toutes choses dont chacune, prise isolément, suppose une masse incalculable de travail mise en jeu, non seulement dans l'espace, mais dans le temps.

« Cet homme ne passera pas sa journée sans employer

---

1. Voir *les Grands Économistes*, p. 329 : *Avantages sociaux de l'échange*.

un peu de sucre, un peu d'huile, sans se servir de quelques ustensiles.

« Il enverra son fils à l'école, pour y recevoir une instruction qui, quoique bornée, n'en suppose pas moins des recherches, des études antérieures, des connaissances dont l'imagination est effrayée.

« Il sort : il trouve une rue pavée et éclairée....

« Il est impossible de ne pas être frappé de la disproportion, véritablement incommensurable, qui existe entre les satisfactions que cet homme puise dans la société et celles qu'il pourrait se donner, s'il était réduit à ses propres forces. Et ce qui rend le phénomène plus étrange encore, c'est que tous les autres hommes sont dans le même cas que lui, et que chacun d'eux a payé en services tous les services qui lui ont été rendus. »

Le progrès de la civilisation se mesure aux progrès de l'échange et les avantages de l'échange ressemblent beaucoup à ceux que procure la division du travail : « Ce sont bien les mêmes, mais combien singulièrement agrandis et multipliés. L'échange permet à la division du travail de franchir le cercle étroit de l'atelier ou de la communauté de famille pour rayonner sur toute la surface d'un vaste pays et jusqu'aux extrémités de la terre. » (Ch. Gide.)

2. — *La valeur.* — La valeur d'une chose est la propriété qu'elle possède de s'échanger contre un plus ou moins grand nombre d'autres choses.

Toutes les choses désirables ne le sont pas au même degré; elles n'ont pas la même *valeur*, disent les économistes. Or, qu'est-ce qui détermine la valeur d'une chose ? Pour qu'une chose ait de la valeur, il faut d'abord qu'elle soit utile, c'est-à-dire désirable ; mais l'*utilité* n'est pas une mesure suffisante de la valeur, car le blé, par exemple, est plus utile que la viande et il a moins de valeur; même la valeur est le plus souvent dans l'ordre inverse de l'utilité et il faut s'en réjouir : il est fort heureux que les superfluités aient le plus de valeur et que les choses essentielles soient les moins coûteuses. Il faut encore qu'elle soit rare, ou qu'il faille du travail pour se la procurer ; mais la *rareté* et le *travail* ne sont pas non plus des mesures satisfaisantes. Ce n'est pas la rareté absolue d'une chose qui constitue sa valeur, car en même temps que de l'offre il faut tenir compte de la demande ; et quant au travail, qui ne sait qu'à des travaux égaux ne correspondent pas toujours des valeurs égales? En réalité, utilité, rareté et travail ne suffisent pas à mesurer la valeur, mais ils en sont les éléments fondamentaux.

Il y a lieu encore de distinguer la *valeur en échange*, ou valeur sociale, c'est-à-dire considérée en tant qu'elle permet de se procurer une plus ou moins grande quantité d'autres objets, valeur qui est uniforme dans le marché, et la *valeur en usage*, c'est-à-dire considérée par rapport à l'usage personnel et qui est essentiellement variable. Aussi bien, « la valeur n'a rien d'absolu. Elle n'est qu'un rapport entre les biens et les services offerts et demandés par un homme à un autre homme. Elle varie avec les lieux, les temps, les circonstances, les besoins, les goûts des contractants. » (Ed. About.)

3. — *Le prix.* — Le prix est l'expression de la valeur d'une chose en monnaie.

Nous nous faisons une idée de la valeur d'une chose en la comparant à d'autres choses, généralement à une somme d'argent en échange de laquelle nous pouvons l'obtenir. Cette somme d'argent en exprime le prix. « Lorsque le prix de vente d'une marchandise est la compensation exacte de ce qu'elle a coûté à produire en matières premières, salaires du travail, intérêt du capital et profit de l'entrepreneur, cette marchandise est vendue à son *prix naturel* », dit Adam Smith[1]. C'est ce que nous

1. Voir *les Grands Économistes*, p. 106 : *Loi de la formation des prix.*

appelons le *prix réel*, ou le prix de revient, ou encore plus exactement le coût de production. Dans la pratique, il s'établit pour les marchandises — du moins pour celles dont on peut à volonté augmenter la production — un *cours*, ou *prix courant*, c'est-à-dire auquel on les vend couramment. Il peut être très supérieur au prix réel, ou au contraire tomber au-dessous; mais il tend à s'en rapprocher, car si le prix de vente d'un objet vient à tomber au-dessous des frais de production, les producteurs cessent de le produire et l'objet en question devenant plus rare, le prix s'élève; si au contraire le prix de vente est sensiblement supérieur aux frais de production, les producteurs augmentent leur production et le prix baisse. Le coût de production est donc le principal élément constitutif des prix. Voyons maintenant pourquoi le prix courant est sujet à des variations.

4. — *Causes de variations des prix.* — Les principales causes qui influent sur les variations des prix sont l'offre et la demande, la concurrence et les monopoles.

La cause principale de la variation des prix est la *loi de l'offre et de la demande* (voir p. 56). S'il y a beaucoup de poulets au marché et peu d'acheteurs, les prix baissent; si au contraire, il y a peu de poulets et beaucoup d'acheteurs, les prix haussent. Ainsi le prix est en raison inverse de l'offre et en raison directe de la demande.

La *concurrence* entre les producteurs est un régulateur des prix, en même temps qu'un stimulant au progrès et une cause de bon marché des produits. Aussi les économistes ont-ils coutume d'en célébrer les vertus. Cependant, toutes les attaques dont la concurrence a été l'objet de la part des socialistes[1], ne sont pas injustifiées. Parfois la concurrence provoque la cherté, comme cela

1. Voir dans *les Grands Économistes*, p. 434 : LOUIS BLANC, *Maux causés par la concurrence.*

arrive par exemple pour la boulangerie : le nombre des boulangers est tout à fait exagéré et ils ne peuvent vivre qu'en haussant le prix du pain. D'autres fois, elle provoque la falsification. Enfin elle peut amener l'écrasement des faibles par les forts et aboutir à ces entreprises géantes, que les Américains appellent des *trusts* et les Allemands des *cartels*, qui sont réellement maîtresses du marché[1].

Nous avons alors tous les inconvénients du *monopole*, c'est-à-dire de cet état de choses où certains individus ont seuls le droit de fabriquer tel ou tel produit et font payer au public des prix excessifs. Il y a des monopoles naturels : un champ d'une fertilité exceptionnelle, une chute d'eau qui permet de faire une économie de charbon, une invention grâce à laquelle on produit à meilleur compte, constituent des monopoles, non pas qu'ils soient une cause d'augmentation des prix, mais parce que ceux qui les possèdent sont privilégiés, car les frais de fabrication se calculent naturellement sur le coût de production le plus élevé. Mais l'État, disent les économistes, ne doit pas créer de monopoles, c'est-à-dire favoriser certains aux dépens de tous, et son intervention est condamnable, car elle conduit fatalement à des abus odieux et ridicules. Il suffit, en effet, de rappeler le sel du devoir dans l'ancienne France, et dans les colonies espagnoles les rasoirs et les bas du devoir.

Cependant, il n'est que juste de reconnaître que le monopole présente parfois des avantages sur la libre concurrence. D'abord il assure généralement la bonne qualité des produits, ne serait-ce que par point d'honneur de maintenir la réputation de la marque, et il n'est pas for-

1. Quand par des acquisitions considérables on s'approprie toutes les marchandises, denrées et moyens de production de toute une région, de façon à pouvoir supprimer la concurrence et être maître de fixer soi-même les prix, on dit qu'il y a *accaparement* ; et ce genre de spéculation, particulièrement grave lorsqu'il s'agit d'objets de première nécessité, est puni par les articles 419 et 420 du Code pénal.

cément synonyme de cherté et de routine. D'ailleurs, il est telle industrie, comme celle des chemins de fer, où la concurrence s'établirait difficilement et où l'on conçoit très bien l'établissement d'un monopole ; il suffit que l'État veille à ce que les tarifs ne soient pas exagérés. On comprend très bien aussi que l'État garantisse pour un temps la propriété d'une invention par un *brevet d'invention* et qu'il monopolise tel service public, comme les postes, ou tel impôt, comme le tabac, pour le percevoir plus sûrement[1].

1. Il est vrai, et c'est pour cela que les économistes leur font tant d'opposition, que les monopoles semblent un acheminement vers l'idéal socialiste, la nationalisation des chemins de fer, des mines, des banques, des assurances, etc.

CHAPITRE II

LA MONNAIE

Son rôle. — Qualités que doit présenter une bonne monnaie. — Monnaies d'or, d'argent, de billon. — Systèmes monétaires. — Le papier-monnaie et la suppression de la monnaie.

1. — *Rôle de la monnaie.* — La monnaie est une valeur qui sert à comparer les valeurs et qui en facilite l'échange.

L'échange direct de chaque bien contre chaque bien, ou le *troc*, qui a été la première forme de l'échange dans les sociétés primitives, est devenu aujourd'hui presque impraticable. Quelles complications pour les transactions les plus simples ! On raconte qu'une chanteuse, dans une tournée autour du globe, donna un concert aux Iles de la Société ; elle devait avoir le tiers de la recette, et, les comptes réglés, elle se trouva avoir trois porcs, vingt-trois dindons, quarante-quatre poulets, cinq mille noix de coco, sans parler d'une montagne de bananes et de citrons. Beau cachet, mais dont elle se trouvait bien embarrassée quand un trafiquant vint l'en débarrasser par un troc contre une marchandise acceptée par tout le monde, pour être troquée à son tour contre une autre marchandise. Cette marchandise provisoire que chacun accepte volontiers en échange de son produit, et par l'échange de laquelle il peut ensuite non moins facilement se procurer toutes les autres marchandises, c'est la monnaie. Dès qu'on l'eût trouvée, on opéra deux échanges au lieu d'un, et elle fut de moitié dans tout échange.

Pour qu'une semblable mesure soit universellement acceptée, il faut d'abord qu'elle soit une valeur, c'est-à-dire qu'elle soit non seulement une mesure, mais une marchandise[1] et qu'elle n'ait pas seulement une valeur de convention, ce que l'on crut autrefois et ce qui conduisit si souvent nos rois à altérer les monnaies. Mais il faut qu'elle possède bien d'autres qualités.

2. — *Qualités qu'elle doit présenter.* — **La monnaie doit présenter des qualités si multiples que seuls l'or et l'argent peuvent servir de monnaie.**

A la rigueur toutes les marchandises pourraient servir de mesure de comparaison, et de fait on s'est servi ici du blé, là du sel ou du tabac, ou de coupons d'étoffes, etc., mais il manque au blé, au sel et au tabac nombre des qualités qu'on exige d'une monnaie[2]. Il faut, en effet, que la monnaie ait une valeur assez forte sous un faible volume, qu'elle soit commode et portative, inaltérable, homogène, qu'elle puisse se diviser à l'infini sans diminuer de valeur, qu'elle ne soit pas sujette à de brusques variations de prix, qu'elle soit malléable et apte à recevoir une empreinte, et en même temps assez dure pour ne pas s'user rapidement, qu'elle soit facilement reconnaissable au toucher et au son, etc.

Les métaux précieux seuls pouvaient présenter ces qualités, et on ne les trouve réunies que dans deux d'entre eux, l'or et l'argent. Le platine ne peut servir de monnaie, parce qu'il n'est pas assez beau pour que l'orfèvrerie le recherche et qu'il est tellement rare que si de nouveaux gisements venaient à être découverts, il y aurait une brusque dépréciation dans sa valeur. C'est donc à l'argent et à l'or qu'on a eu recours. On les a employés d'abord sous forme de barres, de lingots, ou de poudre pour l'or, comme cela se pratique encore dans certains pays ; mais

1. Voir *les Grands Économistes*, p. 127 : TURGOT, *De la monnaie.*

2. *Idem*, p. 360 : MICHEL CHEVALIER, *Propriétés qu'une substance doit réunir pour être propre à servir de monnaie.*

dans les sociétés plus avancées on imagina d'en constater la valeur au moyen d'une marque, et ce fut là un perfectionnement considérable.

3. — *Monnaies d'or, d'argent, de billon.* — **L'État garantit la monnaie en en constatant par une empreinte le poids et le titre. Nous avons en France une monnaie véritable d'or et d'argent, au titre de 900 millièmes, une monnaie conventionnelle d'argent au titre de 835 milliemes, et une monnaie de billon en cuivre et en nickel.**

C'est à l'État qu'il appartient de frapper ou de faire frapper, sous sa surveillance, des monnaies de différents types. En Angleterre, l'État en supporte les frais; en France, il fait payer aux particuliers qui apportent à son Hôtel des monnaies leurs lingots d'or et d'argent, un droit de fabrication d'environ 1 fr. 50 par kilogramme d'argent et 7 fr. 50 par kilogramme d'or. Les pièces de monnaie ne sont pas en or ou en argent pur; pour en diminuer l'usure, le *frai*, on les *allie* à une faible quantité de cuivre. Chez nous, le *titre* — on appelle ainsi la proportion d'or et d'argent qu'elles renferment — est de 900 millièmes pour les pièces d'or et les pièces d'argent de 5 francs, nos seules monnaies véritables, car, depuis le 25 mai 1864, à la suite d'une mesure prise pour arrêter l'écoulement de notre argent vers l'Inde et la Chine, nous ne frappons plus les pièces divisionnaires de 2 francs, 1 franc, 0 fr. 50 et 0 fr. 20 en argent qu'au titre de 835 millièmes, et elles n'ont plus par conséquent qu'une valeur intrinsèque inférieure à leur valeur nominale.

D'après l'*Union monétaire* ou *Union latine*, conclue le 23 décembre 1865 entre la France, l'Italie, la Suisse et la Belgique, et à laquelle adhéra la Grèce en 1868, les pièces d'or et les pièces d'argent de 5 francs ont seules *cours forcé*. Quant aux pièces divisionnaires, elles n'ont qu'un *cours légal*, et ne sont admises que jusqu'à concurrence de 50 francs dans les transactions entre particuliers et de 100 francs dans les caisses de l'État; mais en réalité l'État n'applique pas cette restriction, et il est juste qu'il accepte toujours la monnaie qu'il a émise. Pour les très petits payements on a recours à des pièces de cuivre de 10, 5, 2 et 1 centimes, ainsi qu'à des pièces de nickel de 25 centimes, les unes et les autres d'une valeur réelle bien inférieure à leur valeur nominale. Cette monnaie de *billon* a donc une valeur toute de convention ; c'est une fausse monnaie, mais elle est commode, n'a d'ailleurs cours forcé que jusqu'à concurrence de 5 francs et ne figure dans notre numéraire que pour une faible part, un centième environ.

L'État réalise des bénéfices assez importants par la frappe d'une monnaie faible d'argent et de la monnaie de billon. Par contre, il supporte la perte causée par l'usure des pièces de monnaie, usure qui n'est pas inférieure à un million par an ; et il doit procéder à des refontes fréquentes pour avoir toujours de la monnaie à l'état de neuf, sans quoi les pièces usées resteraient seules dans le pays et toutes les pièces neuves iraient à l'étranger, car d'après la *loi de Gresham*[1] « dans tout pays où coexistent deux monnaies d'inégale valeur intrinsèque, la mauvaise chasse la bonne » ; et cela ne serait pas sans inconvénients.

4. — *Systèmes monétaires.* — Certains pays ne reconnaissent qu'une monnaie légale, l'or; c'est le système de l'*étalon unique*, ou du *monométallisme*. En France, l'or et l'argent ont même force libératoire; c'est le système du *double étalon*, ou du *bimétallisme*.

Dans nos civilisations avancées, l'or est préféré à l'argent, parce qu'il est plus portatif ; il est à l'argent, a-t-on dit, ce que les chemins de fer sont aux autres moyens de transport ; mais, par contre, il se prête beaucoup moins à former de petites sommes sous un volume qui ne glisse pas entre les doigts. Une division d'attributions

1. Ainsi appelée d'un financier anglais, chancelier de la reine Elisabeth.

est par suite toute indiquée entre les deux métaux ; à l'argent les petits payements, à l'or les plus considérables.

Mais c'est une erreur de décréter, comme l'ont fait les législateurs de l'an II, qu'un kilogramme d'or est la même chose que 15kg,5 d'argent, car la valeur respective des deux métaux peut varier à l'infini : en 1857, le commerce européen obtenait au Japon 1 kilogramme d'or contre 3kg,5 d'argent, et aujourd'hui le rapport entre les deux métaux est de 1 à 41[1]. Aussi l'Angleterre, dès 1816, et l'Allemagne, en 1871, ont démonétisé l'argent. Nous ne l'avons pas fait en France, parce que nous avons 3 milliards de monnaie d'argent qui représentent aujourd'hui moins de 1 200 millions de francs et ce serait la ruine pour la Banque de France qui a dans son encaisse métallique plus d'un milliard en argent. Du moins, pour éviter la perte à laquelle nous exposait la démonétisation de l'argent par l'Allemagne, notre Hôtel des monnaies payant environ 200 francs le kilogramme d'argent qui ne valait déjà plus que 180 francs, et pour empêcher la sortie de notre or qui aurait été remplacé par de l'argent déprécié, le gouvernement français a fermé l'Hôtel des monnaies aux lingots d'argent en 1877. De la sorte, si nous ne sommes pas monométallistes, nous ne pratiquons pas davantage le bimétallisme. En principe, nous admettons les deux étalons, mais en fait un seul domine à la fois.

Ajoutons que les partisans du bimétallisme font remarquer, avec raison, que les variations de prix sont moins à craindre avec deux étalons qu'avec un seul. D'ailleurs, le danger de conserver les deux étalons est moindre aujourd'hui qu'il y a quelques années, car par suite de la très grande production actuelle de l'or, — environ un milliard et demi par an, — la différence de valeur entre les deux métaux semble avoir une tendance à diminuer[2].

1. Voir plus loin, p. 106.

2. Voir *les Grands Économistes*, p. 416 : Wolowski, *Défense du bimétallisme.*

5. — *Suppression de la monnaie.* — La richesse d'un pays ne consiste pas dans l'or et l'argent qu'il possède; ils n'en sont qu'une faible partie. Même, s'il est avantageux d'avoir de la monnaie en quantité suffisante pour faciliter les échanges, au delà d'une certaine limite son emploi ne constitue plus qu'une perte, car c'est un instrument coûteux; aussi s'applique-t-on aujourd'hui à supprimer l'emploi de la monnaie.

Un pays peut être riche avec peu de monnaie et pauvre avec beaucoup : l'Espagne du XVIIe siècle en est la preuve. La richesse c'est le travail, ce sont les produits de l'agriculture, de l'industrie et du commerce[1]. La monnaie n'est qu'un instrument d'échange. Adam Smith la compare à une voiture à l'aide de laquelle on transporte les objets dont on a besoin ; et J.-B. Say dit que « semblables à l'huile qui adoucit les mouvements d'une machine compliquée, les monnaies répandues dans tous les rouages de l'industrie humaine facilitent les mouvements qui ne s'obtiendraient point sans elles; mais comme l'huile qui se rencontre dans les rouages d'une machine arrêtée, l'or et l'argent ne sont plus productifs dès que l'industrie cesse de les employer ».

L'Angleterre suffit à tous ses échanges avec un numéraire de 3 milliards, tandis que nous en avons plus de 7. La quantité de numéraire nécessaire varie de pays à pays, avec les habitudes commerciales ; mais il est évident que si une somme moindre peut nous suffire, sans qu'il en résulte de gêne pour le commerce, nous aurions avantage à transformer notre numéraire superflu en usines et en machines qui produiraient un revenu, tandis que l'or et l'argent n'en produisent pas. On gagnerait même si l'on pouvait remplacer par un signe sans valeur, le papier, par exemple, toute la monnaie d'or et d'argent, car elle coûte à acquérir et elle

1. *Idem*, p. 96 : *La richesse d'une nation ne consiste pas dans l'argent qu'elle possède.*

s'use. En tout cas, un pays doit tendre à diminuer la masse de son numéraire métallique. C'est ce qu'on fait aujourd'hui. Aux États-Unis, pour éviter le frai, on laisse l'or et l'argent en dépôt dans les banques et l'on fait circuler des *certificats* représentatifs de leur valeur; sans avoir cours légal, ils sont acceptés comme monnaie et ils représentent une somme de 5 milliards sur une circulation totale de 13 milliards dans laquelle figurent, en outre, plus de 4 milliards de papier sous une autre forme, celle de *billets de banque* (voir p. 126).

Ces certificats et ces billets de banque représentent, les uns pour la totalité de leur valeur, les autres pour la plus grande partie, de l'or et de l'argent en dépôt. Il n'en est pas de même du *papier-monnaie* émis par un État qui manque de numéraire[1]. Celui-ci est une monnaie conventionnelle, une pure fiction, puisque l'État n'a pas d'argent pour le rembourser. C'est le cas de la Russie. La France a connu aussi une monnaie de papier, les *assignats*, dont elle a émis une somme colossale, 45 milliards. Aussi l'assignat de 100 francs tomba à 7 sous et une paire de bottes coûta jusqu'à 4 000 francs. Le danger de la monnaie en papier réside, en effet, précisément dans son extrême facilité d'émission. C'est pourquoi on a cherché et on a trouvé le moyen de se passer non seulement de numéraire, mais même de monnaie de papier et d'opérer les échanges sans se servir de monnaie par un simple règlement d'écritures, ce qu'on appelle un *virement* (voir p. 124). De la sorte, nous revenons au troc primitif, avec cette seule différence que nous n'échangeons pas les marchandises, mais les titres qui les représentent.

---

1. Les *timbres-poste* ne sont que du papier-monnaie, un menu papier, ou, si l'on veut, le billon de papier.

CHAPITRE III

LE COMMERCE

Commerce intérieur et commerce extérieur. — Son utilité. — Des moyens de transport. — Les exportations et les importations. — La balance du commerce. — Le change et ses variations. — Les crises commerciales.

1. — *Commerce intérieur et commerce extérieur.* — Le commerce, qui consiste dans l'achat et la vente des marchandises, est l'organisation de l'échange. Dans une même ville, ou dans un même État, on l'appelle *commerce intérieur;* et d'un État à un autre, *commerce extérieur.* En transportant les produits du producteur au consommateur, le commerce augmente leur utilité.

Le commerce ne crée pas de richesses, mais il donne de la valeur aux produits en les amenant des pays où ils sont en surabondance dans ceux qui en manquent, et par là il est éminemment productif. Le commerce extérieur notamment a transformé la face du monde, depuis un siècle surtout, en procurant des jouissances inconnues et en favorisant la création d'industries nouvelles auxquelles il fournit les matières premières. Enfin, en apprenant aux hommes à se mieux connaître, il doit, s'il est bien entendu, rendre les guerres de moins en moins fréquentes.

2. — *Le commerçant rend des services.* — Les marchands sont des *intermédiaires* qui rendent les plus grands

services, mais il ne faut pas que le nombre en soit trop grand.

L'organisation du commerce a donné naissance à une classe spéciale de travailleurs, les commerçants ou marchands, intermédiaires entre le producteur occupé de sa fabrication et le consommateur retenu par ses occupations. Les *commerçants en gros* achètent dans toutes les parties du monde les produits en grande quantité et les revendent aux *commerçants en détail* que visitent sans cesse leurs commis voyageurs. Les uns et les autres rendent de grands services, car ils évitent des dérangements et épargnent du temps et au producteur et au consommateur. « Nous mangeons du pain ; nous prenons du café, du thé, du chocolat, du lait ; nous brûlons du bois ou du charbon de terre : rien de tout cela, ou presque rien n'est produit par ceux qui nous le vendent. Mais si ces marchands n'avaient pas pensé à le faire venir ou à l'aller chercher, ce serait comme si tout cela n'existait pas pour nous.... S'ingénier à satisfaire les besoins de ses semblables, prévoir pour eux ce dont ils auront besoin, le faire venir du Nord, du Midi, de l'Amérique, de l'Afrique ou de l'Asie, et provoquer par ces achats les producteurs à le produire, c'est absolument la même chose, comme résultat, que le produire directement[1]. »

C'est encore une manière indirecte de produire que de conserver les produits dans des magasins où chacun peut se les procurer au moment qui lui convient et dans la proportion où il le désire. La vogue des grands magasins vient précisément de ce qu'on peut s'y procurer tout ce qu'on désire, avec la moindre perte de temps : un Bon-Marché ou un Louvre rendent constamment les mêmes services que rendaient les foires au moyen âge.

Le commerce en gros a du reste pour résultat de

---

1. Frédéric Passy, *les Causeries du grand-père*, p. 155. Alcide Picard, éditeur.

diminuer les variations de prix des marchandises en régularisant la production dans le monde entier; et le commerce de détail ajoute généralement au produit quelque main-d'œuvre : ainsi le boucher découpe la viande, l'épicier casse le sucre et grille le café.

Il est vrai que nous payons parfois très cher les services que nous rendent ces intermédiaires. Cela vient de ce que ces professions sont faciles et agréables et que le nombre de ceux qui s'y livrent est tout à fait exagéré. Il semble que la *concurrence* qui s'établit entre eux devrait toujours avoir pour effet de procurer des produits de meilleure qualité et à un prix moindre; mais, comme nous l'avons déjà fait remarquer pour la boulangerie (voir p. 88), la concurrence, quand elle est excessive fait hausser les prix et peut même entraîner des falsifications. Aussi s'efforce-t-on aujourd'hui, et avec raison, de diminuer le nombre des intermédiaires et de mettre autant que possible le consommateur en relations directes avec le producteur (voir p. 138, *Sociétés coopératives*).

3. — *Moyens de transport.* — L'industrie des transports est distincte du commerce. Elle se fait par des intermédiaires spéciaux et a lieu sur terre par les routes et les chemins de fer, et sur eau par les rivières, les canaux et la mer. Toute économie dans les frais de transport se traduit par une diminution du prix des marchandises.

L'industrie des transports n'intéresse pas moins les échanges que le commerce, puisqu'elle aide à la circulation des marchandises. Les transports se sont d'abord faits à dos d'homme — c'est encore aujourd'hui le cas des colporteurs — ou d'animaux, par de mauvais sentiers ; puis on a établi des routes, ce qui a été un grand progrès, car sur une bonne route un cheval attelé à une charrette traîne facilement 1 000 kilos de marchandises, tandis qu'il n'en pouvait porter que 100 sur son dos. Les chemins de fer ont réalisé un nouveau progrès, plus considérable encore : une locomotive remorque aisement un convoi qui exigerait 500 chevaux, et à une vitesse dix fois supérieure. Si la distance à parcourir reste la même, le temps nécessaire pour la parcourir se trouve sensiblement réduit : il nous faut moins d'heures pour aller aujourd'hui de Paris à Marseille qu'il ne fallait de jours aux « Turgotines », ces diligences dont s'émerveillaient cependant les contemporains. Aussi le poisson, le gibier, les primeurs peuvent-ils affluer à Paris de tous les points de la France, et même de l'Algérie, grâce à la substitution de la navigation à vapeur à la navigation à voile, révolution considérable qui permet même aujourd'hui d'amener en Europe le bétail d'Amérique et d'Australie.

Par eau, et notamment par mer, les transports sont à très bon marché, à tel point que le charbon anglais arrive à Marseille, à 3 500 kilomètres, à moins de frais que le charbon des mines du Gard qui sont à moins de 200 kilomètres. Mais, même par terre, malgré les frais d'établissement des chemins de fer, — plus de 400 000 francs par kilomètre en France, — l'économie est considérable : le transport par chemin de fer revient à moins de cinq centimes la tonne kilométrique, tandis que le roulage ne coûtait pas moins de trente centimes. Aussi voyons-nous les chemins de fer se multiplier avec une rapidité phénoménale ; en trois quarts de siècle on en a construit sur le globe plus de 900 000 kilomètres. Partout on s'ingénie à rendre les transports plus faciles et plus rapides ; on creuse des tunnels, on perce des isthmes, on établit des lignes télégraphiques et téléphoniques, qui ne sont pas à vrai dire des moyens de transport, mais sont du moins des moyens de communication qui rendent aussi de grands services aux échanges.

Ces perfectionnements continus — et ce ne sont sans doute pas les derniers — ont pour résultat de créer partout de nouveaux centres d'approvisionnements et de nouveaux débouchés, de nous procurer chaque jour, avec plus d'emplois pour notre activité, des produits plus abondants et plus variés, et à des prix de plus en plus bas ; et par suite de rendre la vie plus agréable et plus facile[1].

4. — *Exportations et importations : Balance du commerce.* — Les *exportations* sont les ventes de marchandises, et les *importations* les achats faits à l'étranger. Le rapport entre les exportations et les importations s'appelle *balance du commerce*. Quand les exportations l'emportent, on dit que la balance du commerce est favorable, et quand ce sont les importations, qu'elle est défavorable. On attachait autrefois une grande importance à la balance du commerce qui, en réalité, ne signifie rien.

Les *importations* et les *exportations* sont également utiles à un pays. Les importations accroissent le bien-être en nous fournissant des produits qui ne croissent pas chez nous, et économisent le travail en nous procurant à meilleur compte des produits que nous ne pourrions fabriquer qu'avec beaucoup de travail et de dépense. Les exportations permettent de tirer parti de richesses naturelles qui ne seraient pas utilisées ou le seraient beaucoup moins. et elles développent la culture et l'industrie nationales par les demandes de l'étranger. Il semble donc que les unes et les autres devraient être également favorisées, ou du moins qu'on devrait les laisser se développer librement. Or, il n'en est rien. Si les taxes sur les exportations sont rares aujourd'hui, en revanche presque partout les importations de produits étrangers sont frappées de droits de douane. Nous dirons pourquoi en exposant la doctrine protectionniste. Contentons-nous pour l'instant de constater qu'on a cru longtemps, à tort, que les nations ne pouvaient s'enrichir qu'aux dépens les unes des autres[2],

---

1. Voir dans *les Grands Économistes*, p. 357 : Michel Chevalier, *Action des chemins de fer sur la civilisation.*

2. *Idem*, p. 91 : Marquis de Mirabeau, *Nul ne perd qu'un autre ne perde.*

et qu'il s'agissait par conséquent de vendre le plus possible et d'acheter le moins possible à l'étranger afin d'avoir une *balance du commerce* favorable.

Bastiat a montré l'absurdité de la théorie de la balance du commerce : « M. T., dit-il, expédia du Havre pour les États-Unis un bâtiment chargé de marchandises françaises d'une valeur de 200 000 francs. Ce fut le chiffre déclaré en douane. Arrivée à la Nouvelle-Orléans, il se trouva que la cargaison avait fait 10 % de frais et acquitté 30 % de droits, ce qui la faisait ressortir à 280 000 francs. Elle fut vendue avec 20 % de bénéfices, soit 40 000 francs et produisit ainsi au total 320 000 francs que le consignataire convertit en cotons. Ces cotons eurent encore à supporter 10 % de frais, en sorte qu'au moment où elle arriva au Havre, la nouvelle cargaison revenait à 352 000 francs, et ce fut le chiffre consigné dans les états de la douane... et M. L., député, constatant que la France a exporté 200 000 francs et qu'elle a importé 352 000 francs, conclut qu'elle a donné à l'étranger 152 000 francs de son capital.

« Quelque temps après, M. T. expédia un autre navire, également chargé de 200 000 francs de produits de notre travail national. Mais le malheureux bâtiment sombra en sortant du port... et M. L., voyant que la douane inscrivait 200 000 francs sur son tableau d'exportations et qu'elle n'aura jamais rien à faire figurer en regard sur le tableau d'importations, conclut de ce naufrage à un profit clair et net de 200 000 francs pour la France[1]. »

En réalité, la balance du commerce ne signifie rien parce qu'elle ne tient pas compte pour les exportations des marchandises qui périssent en route ainsi que des faillites et des autres pertes, et que, d'ailleurs, la douane ne donne que la différence entre l'entrée et la sortie des marchandises déclarées. Or, il faut y ajouter la contrebande qu'elle ignore, et surtout il faut tenir compte de bien d'autres

---

1. Voir dans *les Grands Économistes*, p. 319 : *Théorie de la balance du commerce.*

éléments qui entrent dans la balance des comptes et dont les principaux sont : 1° les capitaux placés à l'étranger et dont les intérêts représentent chaque année pour la France 1 500 millions à 2 milliards, tandis qu'elle ne paye pas de ce chef 500 millions[1] ; 2° les dépenses faites dans le pays par les étrangers, ce qui doit bien encore rapporter à la France 300 millions par an ; 3° les frais de transport qui, par contre, coûtent près de 400 millions à la France, dont beaucoup de marchandises naviguent sous pavillon étranger, tandis qu'ils rapportent plus de deux milliards par an à l'Angleterre.

Le numéraire n'entre guère dans le règlement du commerce international que pour 6 à 7 %. Aussi est-ce ailleurs que dans la balance du commerce qu'il faut chercher la cause de la prospérité d'un pays, et la preuve c'est que si en France, sur un commerce d'environ 9 milliards, les importations ne sont supérieures que de quelques centaines de millions, en Angleterre elles dépassent les exportations de plus de 6 milliards et nul ne peut croire que l'Angleterre s'appauvrit de 6 milliards par an[2].

---

1. C'est pour ce motif que l'*absentéisme des capitaux* n'est pas dommageable à un pays au même titre que l'absentéisme des personnes (voir plus haut, p. 38, en note).

2. Le commerce extérieur ne comprend pas les produits étrangers qui ne font que traverser le pays pour aller dans un autre; c'est ce qu'on appelle le *transit*, qui ne laisse pas de représenter parfois un chiffre important. Ces produits ne payent pas de droits de douane. On en exempte aussi les marchandises étrangères déposées dans les *entrepôts* et qui n'ayant pas été vendues dans un temps déterminé sont réexpédiées, — ainsi que certaines matières premières destinées à des industries qui travaillent pour l'exportation. Pour celles-ci, tantôt d'après un système appelé *drawback*, on fait payer les droits à l'entrée, et l'on apprécie à la sortie des articles fabriqués la quantité de matières premières qui est entrée dans ces articles, et l'on restitue les droits perçus sur cette quantité; tantôt, d'après le systeme de *l'admission temporaire*, on permet l'entrée en franchise à certaines matières, à condition que dans un temps déterminé il soit exporté une quantité correspondante d'articles fabriqués; cet engagement du commerçant se nomme *acquit-à-caution*.

5. — *Le change.* — **Le change est la différence qui existe entre la valeur nominale de la monnaie et le prix auquel on l'obtient.**

Nous n'avons pas à nous occuper du *change réel*, troc d'une monnaie contre une autre monnaie, et qui dépend de la quantité de métal fin contenu dans chacune d'elles Nous nous bornerons au *change commercial* qui s'effectue entre deux places par l'intermédiaire de la lettre de change. Nous savons, en effet, que les métaux précieux, espèces ou lingots, n'entrent que pour une faible part dans le règlement des échanges internationaux. C'est que leur transport est coûteux et dangereux à cause des risques auxquels ils sont exposés, et qu'on a imaginé d'en restreindre autant que possible l'emploi, grâce à un procédé des plus ingénieux. Les achats n'ont pas lieu au comptant, mais à terme, à trois mois généralement. Le vendeur, au lieu de demander de l'argent à son acheteur *tire* sur lui un ordre de payer, qu'on appelle une *lettre de change* (voir p. 119), et il vend cette créance à un banquier.

Les Anglais qui ont vendu en France de la houille ou du coton ont des créances sur leurs acheteurs français. Les Français qui ont vendu en Angleterre des vins ou des soieries ont de leur côté des créances sur leurs clients anglais. Supposons qu'un Français ait 100 000 francs à payer en Angleterre, il se procure chez un banquier 100 000 francs de créances sur l'Angleterre. Un Anglais qui doit payer 100 000 francs en France se procure de même 100 000 francs de créances sur la France, et les deux dettes s'annulent sans déplacement d'un centime de numéraire. Direz-vous que les créances respectives des deux pays ne sont pas équivalentes ; que les Français, par exemple, possèdent 300 millions de créances sur l'Angleterre, tandis qu'il n'y a en Angleterre que 200 millions de créances sur la France ? C'est possible, mais les Anglais ne seront pas pour cela obligés d'envoyer la différence, soit 100 millions en numéraire, ils solderont ces 100 millions en achetant des créances qu'ont sur les Français des Chinois qui leur ont vendu de la soie ou des Australiens qui leur ont fourni de la laine.

La lettre de change économise les frais de transport et d'assurance de la monnaie. C'est cette économie qui constitue le *change*. Or, il s'agit de savoir qui, du vendeur ou de l'acheteur de la lettre de change, profitera de cette économie, c'est-à-dire du change. La France et l'Angleterre ont réciproquement des créances l'une vis-à-vis de l'autre. Si ces créances sont équivalentes, les Français pourront se procurer les lettres de change sur l'Angleterre à 25f,21 la livre sterling, ce qui est sa valeur nominale, et l'on dit que le change est *au pair*. Si les dettes des Français sont supérieures à celles des Anglais, ils devront payer la livre sterling 25f,25 ou 25f,30, par exemple, et dans ce cas le change est *défavorable* à la France. Il lui est au contraire *favorable* quand les créances françaises l'emportent, car alors la livre sterling ne vaut plus que 25f,15 ou 25f,10. Mais jamais le prix du change ne peut dépasser les frais qu'exigerait le transport matériel de la monnaie[1], du moins entre deux pays dont la situation est normale, car des causes multiples viennent influer sur le cours du change.

6. — *Causes du change*. — On peut ramener à trois grandes divisions les circonstances qui influent sur le change : la situation économique, la situation budgétaire, et la situation monétaire du pays.

1° Comme le change résulte « de la comparaison des créances d'un pays sur les pays étrangers avec l'ensemble de ses dettes envers ces mêmes pays[2] », en général quand un pays a plus importé de produits qu'il n'en a exporté, le change lui est défavorable, parce que la demande du

1. Le *cours du change* est constaté officiellement par les *agents de change*.

2. M. Joly, inspecteur général des finances. Conférences faites à l'École coloniale (1903).

papier sur l'étranger y dépasse l'offre. Toutefois, nous avons vu que diverses circonstances peuvent modifier l'action de la balance du commerce[1].

2° Un État dont le budget est en déficit d'une façon permanente, doit forcément recourir à l'emprunt, et le payement des intérêts de ses emprunts l'oblige à des exportations de numéraire à l'étranger. Prenons, par exemple, le cas de l'Espagne. Les capitaux étant peu nombreux dans le pays et venant presque tous du dehors, le Trésor espagnol doit, pour payer les intérêts de sa dette, « acquérir des moyens de faire passer cet agent à l'étranger (c'est ce qu'on appelle des moyens de remise), à des conditions onéreuses, et payer ses remises à un prix plus élevé que les sommes qu'il a réellement à verser pour le service des intérêts de sa dette ». Cette différence constitue une cause de perte en change.

3° Mais nulle cause n'agit sur le change avec autant d'intensité que la situation monétaire. Le rapport entre l'or et l'argent, après s'être tenu longtemps entre 10 et 12, a été de 15,5 pendant un siècle environ ; mais, depuis une trentaine d'années, nous assistons à un véritable effondrement de l'argent qui a perdu près des deux tiers de sa valeur : le kilogramme d'argent qui valait 222 francs en 1870 est tombé à 83 francs en 1903 et le rapport entre les deux métaux a varié de 15,64 en 1872, à 41,40 en 1903. Ce n'a pas été sans causer de profondes perturbations dans les pays qui emploient l'étalon d'argent, et c'est pourquoi l'étalon d'or s'est étendu de plus en plus. Si nous-mêmes ne l'avons pas adopté, nous avons du moins arrêté la frappe des monnaies d'argent (voir p. 94). Dans l'Amérique du Sud et l'Extrême-Orient,

1. Le change varie parfois d'une époque de l'année à une autre. Ainsi, dans un pays exclusivement agricole, dont l'exportation se fait pendant une courte période après la récolte, tandis qu'il importe des produits étrangers toute l'année, le change peut être favorable au moment où on lui paye sa récolte et défavorable le reste du temps.

et aussi en Espagne, la grande cause du change est précisément la grande dépréciation subie par l'argent; et pour ces pays, la situation s'aggrave encore du fait d'une grande circulation de papier avec une encaisse métallique sans importance, d'où il résulte que le billet de banque ne représente pour ainsi dire plus rien et n'a de valeur que celle qu'il tire du crédit de l'État. Or, la dépréciation de la monnaie métallique, et par suite de la monnaie fiduciaire, a pour conséquence la dépréciation de tous les effets de commerce dans la même proportion, et la perte au change frappe toutes les valeurs de ces pays, quelle qu'en soit la nature.

Quand toutes ces causes économiques, budgétaires et monétaires se trouvent réunies, — ce qui était naguère le cas de l'Italie et ce qui est encore aujourd'hui celui de l'Espagne, — le change devient très défavorable au pays qui se trouve dans cette fâcheuse situation. Le change défavorable augmente le prix de toutes les denrées d'importation, mais, par contre, il est favorable aux exportateurs. Il agit à la façon d'un droit protecteur à l'importation qui favorise telle ou telle industrie, tel ou tel commerce au détriment de l'ensemble des consommateurs du pays.

Il existe, dit M. Joly, un moyen rapide et infaillible d'arrêter la hausse du change, c'est d'élever le taux de l'intérêt, ce qui a pour effet de restreindre la spéculation, de diminuer les achats au dehors, de réduire le nombre des effets présentés à l'escompte et par suite la circulation, et enfin d'attirer dans le pays les capitaux qui s'en éloignaient. Mais ce moyen n'agit à coup sûr qu'entre les pays dont la situation est normale, entre pays à étalon d'or, par exemple; par conséquent, rien n'est plus urgent que l'amélioration de la situation monétaire.

7. — *Les crises commerciales.* — **Les crises sont des perturbations soudaines qui, de temps en temps, jettent le désordre dans les échanges et provoquent un arrêt**

partiel de l'industrie et du commerce en occasionnant de grandes pertes et des ruines nombreuses.

« Les variations quotidiennes des prix courants de chaque marchandise n'excitent qu'une médiocre attention en dehors du marché spécial auquel elles se rapportent ; mais il arrive parfois des variations soudaines qui portent sur un grand nombre ou même sur le plus grand nombre des marchandises et qui bouleversent toutes les conditions ordinaires du marché. On dit alors qu'il y a *crise commerciale*[1]. »

Une disette qui oblige à employer une grande masse du numéraire pour remplacer les blés qui manquent et qu'exige la consommation ; une guerre qui détourne des capitaux considérables de leurs emplois ordinaires ; une panique politique qui fait que chacun veut avoir par devers soi un capital-monnaie dont il n'éprouvait nul besoin la veille ; le développement exagéré de certaines branches de la production, par exemple, une exagération dans les travaux publics qui amène la fixation de capitaux considérables ; et avant tout les abus du crédit, cause de surproduction, et les entraînements de la spéculation, etc., telles sont les causes qui tendent à une élévation plus ou moins rapide du taux de l'intérêt et à la suspension ou à la réduction du crédit, amènent une chute soudaine des prix et des entreprises, et font que leurs ouvriers se trouvent sans emploi. C'est comme un fléau naturel qui vient dévaster une contrée ; et, bien que la société prise en général n'en soit pas appauvrie, car ce que l'un a perdu a été gagné par un autre, il en résulte de vives souffrances et des ruines sans nombre.

Il n'y a aucun moyen souverain de prévenir les crises ; on ne peut qu'en atténuer les effets, et c'est seulement des progrès du savoir et du jugement chez la plupart des hommes, et de l'épargne dans les temps de prospérité

---

1. COURCELLE-SENEUIL, dans *les Grands Économistes*, p. 438 : *les Crises commerciales.*

qu'on peut espérer la modification de cet état de choses si dommageable et l'adoucissement de ces jours d'épreuve.

Les crises sont heureusement de courte durée, car la baisse des prix en facilite précisément la liquidation ; et, de même qu'elles sont généralement la conséquence de plusieurs années consécutives de prospérité, elles sont suivies d'une nouvelle période prospère. « Suivons, dit Courcelle-Seneuil, les effets de la crise. Elle ralentit, il est vrai, l'activité de certaines branches d'industrie, mais dans ces branches mêmes, ceux des fabricants qui ont des capitaux et peuvent attendre, sachant que la crise durera peu, continuent de travailler et, stimulés par le besoin, s'efforcent de réduire leurs frais de production, soit par des inventions, soit par l'épargne. Cependant, la baisse de valeur des produits tend à augmenter leur consommation, à en faire pénétrer le besoin dans de nouvelles classes de consommateurs, et cette augmentation de besoins est presque toujours suivie d'un redoublement d'efforts pour acquérir, d'un accroissement de force productive. » Ainsi, de nouveaux procédés industriels et l'accroissement des débouchés par la formation de nouvelles couches de consommateurs, voilà — avec l'élimination des producteurs les plus faibles — quel est en définitive le résultat des crises commerciales.

CHAPITRE IV

PROTECTION ET LIBRE ÉCHANGE

Notions historiques sur le libre échange, le régime protecteur et les traités de commerce.

Protection et libre échange. Traités de commerce. — Le commerce intérieur est libre aujourd'hui dans tous les pays civilisés; mais il n'en a pas toujours été ainsi, et la France notamment était, avant 1789, hérissée de douanes intérieures[1]. Pour le commerce extérieur, tantôt par le *système prohibitif* on a fermé les frontières aux produits étrangers; tantôt le *libre échange* les leur a ouvertes toutes grandes, ou du moins les nations, par des *traités de commerce,* se sont fait des concessions mutuelles; aujourd'hui presque partout le *régime protecteur* prétend par des droits de douane protéger la production nationale contre la concurrence étrangère.

Au moyen âge, le commerce extérieur, peu développé du reste, était libre et les droits de douane, là où ils existaient, n'avaient qu'un caractère fiscal. Louis XI, qui voulait organiser un système protectionniste dut y renoncer devant l'hostilité des marchands de France convoqués à Tours. Mais la découverte des mines d'Amérique, qui fit affluer en Europe une énorme quantité d'or et d'argent, donna naissance à la théorie du *système mercantile :* on crut que les métaux précieux étaient la principale

1. Voir dans les *Grands Économistes,* p. 24, en note, les droits qu'acquittait une barrique de vin pour venir du Midi à Paris.

richesse, et pour se les procurer on s'efforçait de vendre le plus possible à l'étranger et de ne lui acheter que le moins possible. Colbert organisa chez nous ce système ; tandis que par des droits de douane il arrêtait à l'entrée les produits étrangers, sauf les matières premières nécessaires à notre industrie, il favorisait par des primes la sortie de nos produits fabriqués. Il pensait, d'ailleurs, que droits et primes devraient disparaître quand notre industrie serait en état de soutenir la concurrence étrangère.

A la fin du XVIIIe siècle, les *Économistes* réclamèrent la liberté pour le commerce comme pour l'industrie : *Laissez faire, laissez passer*, disaient-ils, et ils obtinrent, après la guerre d'Amérique, la conclusion avec l'Angleterre d'un traité de commerce qui abaissait les droits d'entrée au taux modéré de 10 à 12 % en moyenne. La Constituante fit davantage et supprima toutes les taxes sur les produits alimentaires. Mais la guerre qui éclata bientôt avec l'Europe amena de nouveau une lutte de tarifs et l'on sait comment Napoléon voulut par le blocus continental fermer le continent aux produits anglais. Sous la Restauration, des droits formidables favorisèrent la grande industrie et les grands propriétaires, non seulement en France, mais dans toute l'Europe.

Cependant, des protestations s'élevaient contre le pain cher. Sous l'influence de Cobden, qui commença à Manchester une campagne célèbre, l'Angleterre la première inaugura le *libre échange* en 1846. En France, les efforts de Bastiat[1] furent impuissants ; mais Napoléon III fit entrer notre pays dans la même voie par le célèbre traité de commerce signé en 1860 avec l'Angleterre, et qui fut suivi de beaucoup d'autres.

Le triomphe du libre échange ne devait pas être de longue durée. Dès 1866, les États-Unis établirent un tarif très protecteur, et en 1879 M. de Bismarck inaugura en Europe la politique protectionniste. L'Allemagne fut

---

1. Voir, dans *les Grands Économistes*, sa biographie et les nombreux extraits que nous donnons de lui.

imitée comme la France l'avait été en 1860. La France, elle-même, en 1892, a dénoncé tous ses traités de commerce ; notre gouvernement ne peut plus en conclure, mais seulement offrir le choix entre deux tarifs, l'un dit *minimum* pour les pays qui nous font des concessions, et c'est le plus grand nombre, l'autre dit *maximum* pour ceux qui nous les refusent[1]. Aujourd'hui, il n'y a plus que quelques petits États, comme le Danemark et la Hollande, qui restent avec l'Angleterre attachés au libre échange, et même M. Chamberlain voudrait établir le protectionnisme en Angleterre, dans la terre classique du libre échange.

Les économistes eux-mêmes ne sont plus unanimement libres échangistes, et plusieurs parmi eux admettent que « le régime commercial d'un pays doit être approprié à sa situation particulière ». Voici quels sont les principaux arguments des protectionnistes :

1° L'agriculture et l'industrie nationales, sans la protection, seraient fatalement écrasées par la concurrence étrangère, et il leur faut des droits protecteurs au moins à titre transitoire, et comme compensation des charges qui pèsent sur le producteur indigène (droits éducateurs, système compensateur[2]).

2° Un pays doit pouvoir se suffire à lui-même et être indépendant de l'étranger[3]. Le protectionnisme se donne ainsi un vernis de patriotisme.

3° Les droits de douane sont les meilleurs des impôts, car « c'est l'étranger qui les paye » (J. Méline), etc.

Les libres échangistes répliquent ainsi :

1° Les produits étrangers n'inonderont notre pays que si nous les achetons avec des produits nationaux,

---

1. Depuis, par diverses conventions signées avec la Suisse, l'Italie, etc., nous sommes revenus, d'une manière indirecte, aux traités de commerce.

2. Voir dans *les Grands Économistes*, p. 321 : BASTIAT, *Défense du travail national*.

3. *Idem*, p. 315 : BASTIAT, *l'Indépendance de l'étranger*.

à moins qu'on ne suppose que l'étranger ne nous les fournisse gratis ; la concurrence ne tue que les industries non viables ; sans elle pas de progrès ; d'ailleurs, il n'y a pas d'exemple que des industries protégées se soient jamais trouvées mûres pour la concurrence ; et enfin, la protection ne fait que susciter les représailles de l'étranger.

2° S'il s'agit de certaines industries, comme la fabrication des armes, la question devient politique et cesse d'être économique ; l'industrie n'est, d'ailleurs, pas moins diversifiée dans les pays où règne la liberté.

3° Cela n'est pas certain ; puis, en restreignant les importations, on diminue fatalement les revenus de l'État, tandis que des taxes modérées les augmenteraient en développant la consommation.

Ils ajoutent en outre : 1° les droits protecteurs rendent la vie chère[1] ; 2° ils ne sont pas favorables à l'industrie, car ils renchérissent l'outillage et les matières premières[2] ; 3° ils sont injustes, car on ne saurait protéger toutes les industries ; la protection n'assure, par suite, du travail qu'à une partie des ouvriers ; mais il est vrai qu'elle garantit un minimum de revenu aux propriétaires, etc.

Les libres échangistes ont raison scientifiquement et ont pour eux le bon sens, car il n'est pas raisonnable de dépenser des centaines de millions à percer des tunnels et à creuser des ports, et de placer ensuite des douaniers pour arrêter les marchandises. Si l'on pense qu'il faille protéger certaines industries, mieux vaut, au lieu de droits protecteurs, accorder des *primes à la production* — ce que nous faisons du reste pour diverses cultures et industries ; — chacun du moins saura que c'est un sacrifice qu'on lui demande pour raison d'utilité publique et connaîtra l'étendue de ce sacrifice. Mais, peut-être

1. Voir dans *les Grands Économistes*, p. 316 : BASTIAT, *Producteur et consommateur.*

2. *Idem*, p. 362 : MICHEL CHEVALIER, *le Système prohibitif ennemi du travail national.*

est-ce là précisément ce que ne veulent pas les protectionnistes.

Au reste, on s'exagère beaucoup l'importance des droits de douane sur la prospérité d'une nation, car enfin, le commerce extérieur est bien peu de chose comparé au commerce intérieur : ainsi, le commerce intérieur des États-Unis s'élève à plus de 200 milliards, ce qui est quinze fois le chiffre de leur commerce extérieur. Aussi croyons-nous que le système à défendre aujourd'hui est celui des traités de commerce. La France a vu le chiffre de ses échanges doubler à la suite des traités conclus vers 1860, et baisser après leur dénonciation en 1892. C'est que les traités de commerce donnent à l'industrie la certitude du lendemain, — car ils sont conclus généralement pour dix ou douze ans, — mais ne lui permettent pas de s'endormir dans la routine ; ils rendent possibles des concessions réciproques, et grâce à la clause de la nation la plus favorisée, toujours inscrite aujourd'hui, font profiter de tous les avantages accordés à d'autres ; enfin, ils conduisent à un régime de plus en plus libéral, tandis que la protection conduit fatalement à des mesures de plus en plus restrictives et parfois même à la guerre.

CHAPITRE V

LE CRÉDIT

Ses diverses formes. — Ses avantages et ses inconvénients. — Le crédit commercial. — Effets de commerce (billet à ordre, lettre de change, chèque, etc.). — Importance d'une signature commerciale. — Rôle des banquiers. — Le billet de banque. — La Banque de France. — Les Bourses d'effets publics. — Le crédit public.

1. — *Le crédit.* — Le mot *crédit* signifie confiance. Le crédit est en effet un acte de confiance par lequel un prêteur ou *créancier* confie à un emprunteur ou *débiteur* une valeur en argent ou en marchandises contre une promesse de remboursement à une époque déterminée, ou *terme*. Pour le prêteur, cette valeur est une créance, et pour l'emprunteur c'est une dette.

Le crédit est comme la monnaie un procédé imaginé pour favoriser les échanges. C'est une vente à *terme*, c'est-à-dire dont le montant ne sera versé qu'à une époque à venir. Cette vente est faite naturellement à un prix plus élevé que la vente au comptant. La différence s'appelle l'intérêt ou mieux l'*escompte*.

Quelquefois, le crédit repose sur la personne même, sur la confiance qu'inspire l'emprunteur, sur ses qualités personnelles ou sur sa fortune supposée. C'est le *crédit personnel* ou *crédit simple*. Il est dangereux pour celui qui l'accorde. Aussi y ajoute-t-on souvent la garantie d'un répondant, d'une *caution*. C'est sur une caution collective que sont fondées les *banques populaires* et les *caisses rurales* qui pratiquent le *crédit populaire* en faveur des ouvriers de l'industrie et des agriculteurs, et qui sont si florissantes en Allemagne et en Italie[1].

D'autres fois, le crédit repose sur une valeur réelle,

1. Ces institutions, connues sous le nom de leurs fondateurs, l'économiste Schulze-Delitzsch et le bourgmestre Raiffeisen, sont en réalité des sociétés coopératives de crédit, fondées sur le principe de l'association des travailleurs solidaires les uns des autres.

Les unes, les *banques populaires* de Schulze-Delitzsch, sont des coopératives de crédit industriel qui ont un fonds social constitué par les cotisations de leurs membres, émettent des actions de 1 000 à 1 250 francs, libérables petit à petit (par là elles jouent le rôle de caisses d'épargne), et distribuent des dividendes. Les autres, les *caisses rurales* de Raiffeisen, sont des coopératives de crédit rural qui ont un caractère de patronage moral et souvent religieux; elles se constituaient primitivement sans capital; aujourd'hui, la loi les y ayant contraintes, elles émettent des parts, mais très petites (10 marks) et elles ne donnent pas de dividendes, mais consacrent tous leurs bénéfices à constituer un fonds inaliénable et perpétuel.

Les unes et les autres sont nombreuses et florissantes en Allemagne. En 1904, on comptait 960 *banques populaires* avec 542 000 membres et elles ont fait 3 115 millions de francs de prêts; et 3 982 *caisses rurales* réunissant 288 000 membres et représentant 600 millions d'affaires. Ces institutions sont très développées également en Italie; et on les rencontre aussi en Belgique et même en Russie.

Bien que la France soit un pays de petite industrie, les Banques populaires y tiennent peu de place; mais un mouvement assez vif se dessine actuellement pour les coopératives de crédit rural. On en compte environ 1 500 faisant 60 millions de prêts. Elles sont de deux sortes : les unes, du type Schulze-Delitzsch, se rattachent au *Centre fédératif* de crédit populaire, qui a son siège à Marseille; les autres, du type Raiffeisen (les caisses Durand), ont un caractère social-chrétien, et se rattachent à l'*Union des Caisses rurales de Lyon*. Les premières étaient, en 1904, au nombre de 429 et les secondes, de 724; en outre 388 étaient indépendantes.

Enfin, une loi du 31 mars 1899 a créé, en vue du *crédit agricole*, des *caisses régionales* dotées d'un capital de 40 millions obtenus, lors du renouvellement de son privilège de la Banque de France qui doit, en outre, leur verser une part de ses bénéfices, 4 à 5 millions; mais ces caisses, au nombre d'une cinquantaine, usent bien peu du crédit qui leur est offert.

sur des biens qu'on donne en garantie. C'est le *crédit sur gage*, ou *crédit réel*. Quand le gage est un immeuble, on a le *crédit hypothécaire*[1]. Quand il s'agit de titres, on a le *prêt sur titres*. Pour les meubles personnels, les établissements de prêt s'appellent des *monts-de-piété*. Les *magasins généraux* sont d'immenses docks qui délivrent sur les marchandises qu'on y dépose des certificats de dépôt appelés *warrants*. Il y a encore le *crédit public* dont usent les États auxquels leurs revenus ne suffisent pas, et dont il leur arrive même d'abuser, etc.

Le *crédit commercial*, fait par un négociant à un autre négociant auquel il avance des marchandises, et qui lui donne comme gage un billet, est un crédit mixte, généralement supérieur aux autres, puisqu'il est toujours fait en vue d'une consommation productive, et il est régi par une législation spéciale.

2. — *Avantages et inconvénients*. — Le crédit est le principal agent de la circulation et contribue à l'augmentation de la richesse; mais parfois aussi il en favorise l'anéantissement.

Le crédit ne crée pas de capitaux, dit-on, et c'est vrai; mais en les plaçant dans les mains de ceux qui sauront les utiliser, il les met en valeur et c'est bien quelque chose. Le commerce lui-même fait-il autre chose que déplacer les capitaux ? Non seulement le crédit rend productifs des capitaux qui sans lui seraient demeurés stériles, et en les groupant permet de faire de grandes choses, mais par la

---

1. Le prêt hypothécaire offre une grande sécurité, mais il immobilise les capitaux pour un long temps et impose à l'emprunteur une charge trop lourde, parfois même supérieure au revenu de la terre. Aussi des banques spéciales se sont constituées pour faire des prêts à longue échéance, remboursables par annuités et d'un intérêt relativement modéré. C'est dans ce but qu'a été institué en France le *Crédit foncier* qui se procure des capitaux à bon marché, grâce à l'attrait qu'offrent ses obligations à lots facilement négociables (voir *les Grands Économistes*, p. 411 : WOLOWSKI, *le Crédit foncier*).

rémunération qu'il leur assure, il provoque l'épargne, c'est-à-dire la formation de capitaux nouveaux[1]. Enfin, nous verrons qu'il crée des moyens économiques de payement pour suppléer à la monnaie qui est d'un usage coûteux ; suivant la remarque d'Adam Smith, il ouvre des chemins dans les airs et permet de mettre en culture les routes ordinaires.

Il a aussi des inconvénients. S'il facilite la production de la richesse, il donne parfois naissance à des spéculations hasardeuses, produit des crises et des catastrophes de toutes sortes, et finalement détruit des richesses existantes. D'ailleurs, le crédit à la production est seul bienfaisant. Le crédit accordé à la consommation peut bien, il est vrai, simplifier les comptes et aider à passer les moments difficiles, mais il a surtout pour résultat de faciliter la dépense, et la sagesse populaire dit avec raison : « N'achète rien à crédit, c'est la ruine ». Enfin, en multipliant les risques du commerce il est une cause d'augmentation des prix.

3. — *Effets de commerce.* — Les transactions commerciales se font à terme au moyen de nombreux papiers ou effets différents les uns des autres, mais tous destinés à suppléer à l'usage de la monnaie. Les principaux effets de commerce sont : le billet simple, le billet au porteur, le billet à ordre et la lettre de change ou la traite. Il faut y joindre le chèque.

Le *billet simple* est une simple promesse de payer. Pierre a acheté à Jean 1 000 francs de marchandises payables dans trois mois et lui souscrit un billet ainsi conçu : *A quatre-vingt-dix jours de date, je payerai à Jean la somme de mille francs, valeur reçue en marchandises.* Il date et signe. Ce billet représente bien une valeur de 1 000 francs, mais dans trois mois seulement, et si Jean a besoin d'argent il ne lui est actuellement d'aucune utilité. Aussi le billet simple est-il peu employé.

---

1. Voir *les Grands Économistes*, p. 345 : COQUELIN, *Effets et puissance du crédit.*

Dans le *billet au porteur*, au nom de Jean, Pierre substitue les mots *au porteur : A quatre-vingt-dix jours de date, je payerai au porteur....* Ce billet est négociable, Jean peut le céder à Charles à qui il doit 1 000 francs, si celui-ci a confiance dans la solvabilité de Pierre; mais il est évident qu'un semblable billet s'arrêtera vite. D'ailleurs on peut le perdre, ou il peut être volé. C'est pourquoi il est également peu employé.

Le *billet à ordre* est conçu ainsi : *A quatre-vingt-dix jours de date, je payerai à Jean ou à son ordre....* La simple addition des mots *ou à son ordre* transforme complètement le billet. Jean peut le donner à Charles en règlement de compte, en l'*endossant*, c'est-à-dire en écrivant au dos : *Payez à l'ordre de Charles...* (date et signature). Charles fera de même en l'endossant à son tour, et ainsi de suite. Tandis que le billet au porteur inspire de moins en moins de confiance à mesure qu'il s'éloigne de sa source, le billet à ordre en inspire de plus en plus, grâce aux endossements successifs dont il se revêt, car, en cas de non-payement par Pierre, tous les endosseurs en sont successivement responsables en remontant jusqu'au premier.

La *lettre de change* est l'inverse du billet à ordre, car c'est le créancier qui donne au débiteur l'ordre de payer. D'après notre supposition, Jean a livré à Pierre 1 000 francs de marchandises et en a lui-même reçu de Charles pour 1 000 francs. Il écrit : *A quatre-vingt-dix jours de date, veuillez payer à Charles, ou à son ordre....* " date et signe, et indique au bas le nom de Pierre, puis généralement il envoie le billet à Pierre qui l'accepte en y écrivant : *Accepté pour la somme de mille francs.* La lettre de change circule, d'ailleurs, comme le billet à ordre par endossements successifs, et comme lui est du ressort du Tribunal de commerce pour toutes les contestations qui peuvent s'élever. Mais tandis que le billet à ordre ne suppose que deux parties. Jean et Pierre, la lettre de change en suppose trois: Jean le *tireur;* Pierre, le *tiré;* et Charles, le *porteur ;* et elle offre l'avantage, quand elle est « tirée » d'une place sur une autre, de Paris sur Lyon ou sur Londres, de régler les dettes réciproques de ces deux places, sans envoi de numéraire, ainsi que nous l'avons déjà indiqué (voir p. 104).

Dans la pratique, on use le plus souvent de la *traite* ainsi libellée : *A quatre-vingt-dix jours de date, veuillez payer contre ce mandat à mon ordre la somme de....* La garantie est moindre, puisque le tiré n'a pas reconnu la dette ; mais à défaut de payement de sa part, le tireur en reste responsable; et d'ailleurs, le porteur de la traite peut toujours l'envoyer « à l'acceptation ».

Nous ne parlerons pas d'autres effets de commerce d'un usage beaucoup moins courant; nous mentionnerons simplement le *warrant*, dont nous avons déjà parlé, et qui circule aisément, car il est à ordre et inspire toute confiance puisqu'il est garanti par un dépôt de marchandises.

Le *chèque* est l'ordre donné par Pierre à un banquier chez qu'il a des fonds déposés de payer en son nom à Jean la somme de 1 000 francs : *A vue, veuillez payer au porteur la somme de mille francs* (date et signature). Pierre s'est servi d'un carnet de chèques qu'il a reçu de son banquier et dont chaque feuille est divisée en deux parties ; l'une est détachée, c'est le *chèque*, et l'autre, la *souche*, reste attachée au carnet. Le chèque est un mode de payement très commode, mais ce n'est pas un effet de commerce, puisqu'il suppose le dépôt préalable d'une somme d'argent chez un banquier ; et tandis que tous les effets de commerce sont revêtus d'un timbre de 5 centimes par 100 francs, il est toujours revêtu d'un timbre de 10 centimes, quel qu'en soit le montant.

Ce n'est pas non plus un effet de commerce que la *lettre de crédit*, par laquelle un banquier charge d'autres banquiers, ses correspondants à Londres, Liverpool, Glascow, etc., de donner une somme déterminée à un client qui fait un voyage en Angleterre.

Quant au *billet de complaisance*, par lequel un commerçant pressé d'argent simule une créance fictive en tirant *en l'air* une lettre de change ou une traite sur un débiteur imaginaire, ce n'est qu'un abus de crédit et non un billet de commerce véritable, car il est créé en dehors d'opérations commerciales régulières.

Les effets de commerce remplissent le rôle de la monnaie, puisqu'on les donne et qu'on les reçoit en payement; ils offrent même sur la monnaie de grands avantages : ils sont moins encombrants, échappent à l'usure, permettent de compter rapidement de grandes sommes, peuvent facilement s'expédier au loin et être établis de telle sorte qu'ils ne puissent être volés : tels sont les chèques barrés. Ils constituent la *circulation fiduciaire*, qui est à toute heure de plus de six milliards en France, et de plus de dix en Angleterre, sans compter les chèques et les billets de banque. Aussi une circulation aussi intense a-t-elle amené la création d'une catégorie spéciale d'intermédiaires destinée à faciliter les opérations commerciales : ce sont les banquiers.

4. — *Signature commerciale.* — Les effets de commerce rendent de tels services que pour qu'il n'en soit pas fait abus la loi a entouré la signature commerciale de garanties spéciales et particulièrement rigoureuses.

On ne doit jamais donner une signature commerciale à la légère; ainsi nous avons vu que les endosseurs d'un effet de commerce en sont responsables en cas de non-payement. Il suffit que signification en soit faite dans les trois jours au dernier endosseur. L'effet non payé est dit *protesté*, et le *protêt*, rédigé par huissier, est un acte d'une gravité exceptionnelle, qui est un déshonneur pour le commerçant et peut entraîner pour lui la *faillite*, c'est-à-dire un jugement du Tribunal de commerce déclarant qu'il est en état de cessation de payement et ordonnant le partage de son actif entre ses créanciers. Bien plus, la faillite entraîne la perte des droits civils et politiques ; et le *failli* ne peut être réhabilité qu'après avoir désintéressé tous ses créanciers.

Un commerçant en état de suspension de payements

peut éviter la faillite s'il obtient d'être mis en *liquidation judiciaire.* Assisté d'un liquidateur, nommé par le Tribunal, il peut alors prendre des arrangements avec ses créanciers ; mais s'il ne les tient pas, la faillite est déclarée. Le *liquidé judiciaire* reste électeur, mais n'est pas éligible.

Dès la cessation de ses payements, le commerçant est toujours tenu de déposer son *bilan,* c'est-à-dire l'état exact de son actif et de son passif. Au cas d'irrégularité dans la tenue de ses livres de commerce, de signature d'effets de complaisance, ou de non-dépôt du bilan dans les trois jours, il peut être poursuivi pour *banqueroute simple,* et s'il y a eu détournement de marchandises, la banqueroute est *frauduleuse* et justiciable de la cour d'assises.

5. — *Signature d'une femme non négociante.* — La signature d'une femme mariée non négociante ou marchande publique ne vaut généralement que comme simple promesse, à moins qu'elle ne soit dûment autorisée par son mari.

La femme négociante ou marchande publique — ce qu'elle ne peut être d'ailleurs qu'avec l'autorisation de son mari ou de justice — est de tout point assimilée à l'homme, et sa signature a la même valeur et entraîne les mêmes conséquences.

Non négociante, la fille majeure peut disposer de son patrimoine et les signatures qu'elle donne sont parfaitement valables ; mais il n'en est pas de même de la femme mariée, qui est assimilée aux mineurs : les engagements qu'elle contracte sans l'autorisation de son mari sont légalement nuls, sauf si c'est pour l'entretien du ménage. Mais si la loi, pour protéger la famille contre la ruine à laquelle pourraient l'entraîner des spéculations malheureuses du mari, sauvegarde la fortune personnelle de la femme, qui n'est pas responsable des dettes contractées, il en va autrement quand la femme dûment autorisée par son mari s'est engagée conjointement et solidairement avec lui. Alors elle est légalement engagée par sa signature, même par acte sous-seing privé, sauf dans certains cas spéciaux où l'acte authentique est nécessaire.

6. — *Rôle des banquiers.* — Les banquiers sont des marchands de crédit qui empruntent pour prêter; ils empruntent à meilleur marché qu'ils ne prêtent et la différence constitue leur bénéfice. Leurs opérations sont de deux sortes : 1° ils reçoivent des dépôts de leurs clients et font pour eux tous leurs versements et encaissements; 2° ils escomptent les effets de commerce. Il y en a d'autres qui y joignent des émissions de billets.

Les banquiers peuvent opérer avec leurs propres capitaux, mais dans ce cas ils font peu d'affaires. Aussi s'adressent-ils au public dont ils recueillent les épargnes, petites et grosses, à mesure qu'elles se forment, pour les faire fructifier immédiatement. Ils empruntent sous la forme particulière de *dépôts.* Aux particuliers qui leur confient leurs capitaux, ils servent un intérêt plus ou moins élevé suivant la plus ou moins grande durée du prêt. Quelquefois même ils ne servent aucun intérêt : ainsi fait la Banque de France, ce qui ne l'empêche pas d'avoir des dépôts considérables. On prend, en effet, de plus en plus l'habitude de ne garder chez soi que de petites sommes, car on peut être volé ou incendié, tandis qu'à la banque l'argent est en sûreté dans des coffres-forts bien gardés[1].

Les banquiers sont les caissiers de leurs clients dont ils font toutes les opérations au moyen : 1° des comptes courants; 2° des virements; 3° des chèques.

---

1. Au 31 décembre 1904, le total des dépôts dans nos six principaux établissements financiers : Banque de France, Crédit Foncier, Crédit Lyonnais, Comptoir National d'Escompte, Société Générale, Crédit Industriel et Commercial, atteignait 2 milliards et demi, en chiffres ronds.

1° Ils ouvrent un compte à chaque client et inscrivent à son *actif* les sommes encaissées et à son *passif* les sommes versées.

2° Si Pierre et Jean ont le même banquier, quand Pierre a à faire à Jean un versement de 1 000 francs, le banquier opère ce versement au moyen d'un simple jeu d'écritures, qu'on appelle *virement*, en inscrivant 1 000 francs au passif de Pierre et la même somme à l'actif de Jean.

3° Ces payements s'effectuent au moyen de chèques. Supposons que tous les habitants d'une ville aient un compte courant chez le même banquier, tous les échanges effectués dans la ville pourront se régler au moyen de chèques : le banquier porte toutes les sommes reçues ou payées par chèques soit à l'actif, soit au passif du client et de la sorte toutes les transactions se règlent sans aucun emploi de numéraire. C'est ce qui se fait couramment en Angleterre et en Amérique, beaucoup moins en France où le chèque n'a été introduit que par la loi du 14 juin 1865. Les choses se passent, d'ailleurs, exactement de même quand il y a 10, 20 ou 100 banquiers au lieu d'un, car ils sont réciproquement créanciers et débiteurs les uns des autres. Ils se réunissent chaque jour dans une chambre de liquidation, un *Clearing-House*, et règlent par un simple jeu d'écritures des transactions qui s'élèvent à des sommes colossales, parfois un milliard par jour à Londres, et davantage encore à New-York. La monnaie n'entre en jeu que pour une proportion infime.

Garder des dépôts a été la première fonction des banques, et les vieilles banques de Venise et d'Amsterdam se faisaient payer le service qu'elles rendaient[1]. Bientôt les banques songèrent à tirer parti de leurs dépôts en faisant des prêts sur titres ou en ouvrant des crédits, mais sur une petite échelle, car elles ne peuvent prêter à long terme

1. Voir dans *les Grands Économistes*, p. 295 : BLANQUI, *Des banques de dépôt*.

des capitaux qui ne leur sont confiés que pour un temps limité, si même ils ne sont pas déposés *à vue*. Elles ne doivent donc les engager que dans des prêts à court terme. Or, c'est précisément ainsi que se présentent les prêts commerciaux. Le commerçant vend ses marchandises à terme, généralement, avons-nous dit, à 90 jours. S'il a besoin d'argent dans l'intervalle, il porte son papier à son banquier qui le lui paye sous déduction de l'intérêt pour le temps qui reste à courir, ce qu'on nomme *l'escompte*. C'est aujourd'hui la principale opération des banques et c'est pour cela qu'on les appelle des *Banques d'escompte*. C'est un placement rémunérateur auquel les banques peuvent se livrer sans inconvénients, car chaque jour rentre une partie de cet argent prêté pour quelques semaines seulement, de sorte que le banquier peut faire face aux demandes de remboursement. Il a du reste soin de garder toujours une certaine *encaisse* pour le cas où les demandes de remboursement seraient plus nombreuses que de coutume. D'ailleurs, quand cela se produit, il *élève le taux de l'escompte*, ce qui éloigne une partie des emprunteurs. Il peut néanmoins arriver que, dans un moment de crise, il se produise un tel nombre de demandes de remboursement que le banquier n'ait pas les fonds suffisants et soit acculé à la faillite ; mais cela est très rare.

Les banquiers font encore le *change* (voir p. 104) sur les monnaies étrangères et sur les effets de commerce de l'étranger. Enfin, certaines banques spéciales, qu'on appelle *banques d'émission*, joignent à ces diverses opérations l'émission des billets, c'est-à-dire qu'au lieu de donner de l'argent aux emprunteurs, elles leur donnent des billets de banque[1].

1. Les emprunts pour le compte des États et des sociétés industrielles sont une autre source de bénéfices pour les banques qui servent d'intermédiaires, lors de l'émission, entre le public et les emprunteurs, puis entre leurs clients et les agents de change, pour toutes les opérations de Bourse.

7. — *Billet de banque.* — Le billet de banque est un effet de commerce d'un caractère spécial, émis par une banque pour tenir lieu de monnaie et qui remplace avantageusement la monnaie quand il est suffisamment garanti.

Le billet de banque se distingue des effets de commerce ordinaires par divers avantages dont il jouit : 1° Il est payable au porteur et sans aucune justification de la part de celui qui le présente, dont il n'engage pas la responsabilité. Il en est de même du billet au porteur, mais, émis par une banque, le billet de banque substitue à un débiteur peu connu un débiteur que tout le monde connaît ; aussi dit-on qu'il *vaut du comptant.* 2° Il est payable *à vue*, c'est-à-dire qu'on peut en toucher le montant à toute heure. 3° Il a une durée illimitée; aucune prescription ne l'atteint, tandis que le billet à ordre perd toute valeur au bout de cinq ans et que le chèque se prescrit en cinq ou huit jours; 4° il exprime toujours des sommes rondes et est par suite d'un usage très commode; 5° il ne porte pas d'intérêts, et c'est encore un avantage, car cela évite tous les calculs qu'il faudrait faire à chaque changement de mains.

Le billet de banque diffère du papier-monnaie (voir p. 96) en ce qu'il est payable à vue. Tandis que l'un a *cours forcé*, l'autre n'a que *cours légal ;* le créancier ne peut le refuser de son débiteur, mais la Banque est prête à lui remettre en échange de la monnaie métallique. Si même il arrive qu'il reçoive cours forcé, ce qui en fait un véritable papier-monnaie, il conserve encore l'avantage d'avoir la garantie de la banque qui l'a émis.

Le billet de banque a donc tous les avantages de la monnaie et il n'en a pas les inconvénients : il ne s'use pas et n'est pas encombrant. Aussi, quand il est émis par une banque qui inspire confiance, le préfère-t-on à la monnaie[1].

1. Voir dans *les Grands Économistes,* p. 350 : COQUELIN, *Propriétés dont jouit le billet de banque.*

Très avantageux pour les banques qui les émettent, puisqu'ils ne leur coûtent rien ou presque rien, les billets de banque ne sont pas moins avantageux au public, non seulement parce qu'ils sont commodes, mais aussi parce que la banque qui accroît ses ressources en les émettant, peut diminuer ses exigences et faire l'escompte à meilleur marché. Ils sont du reste sans inconvénients pour elle si elle a pris soin de ne les émettre que dans une juste mesure, car par suite de tous les avantages qu'ils offrent, ils ne deviennent pour la banque que des billets à échéance lointaine.

On pourrait se demander comment il se fait que toutes les banques n'émettent pas des billets. C'est que d'abord il faut pour cela jouir d'un crédit exceptionnel, et ensuite que, pour rassurer le public, la loi a partout entouré l'émission des billets d'une réglementation protectrice. Aux États-Unis, les banques d'émission doivent déposer au Trésor des titres de la dette fédérale et n'émettre des billets que jusqu'à concurrence de 90 % de ces titres. Dans certains pays, en Russie par exemple, l'émission est confiée à une banque d'État dont les fonds sont fournis par l'impôt ; c'est une lourde responsabilité qu'encourt l'État. Ailleurs, le privilège de l'émission est accordé à un ou plusieurs établissements sous leur responsabilité et sous la surveillance de l'État ; c'est le système français.

8. — *Banque de France.* — **En France, l'émission des billets de banque est le monopole de la Banque de France, puissant établissement qui jouit d'un crédit universel et qui rend de grands services au public et à l'État.**

La Banque de France est un établissement privé, créé en 1800 par le Consulat, et qui depuis 1848 a le monopole de l'émission des billets de banque pour la France entière. Son capital est de 182500000 francs, divisé en 182500 actions de 1 000 francs. Elle a son siège à Paris et possède une centaine de succursales dans toute la France. L'État nomme son gouverneur et ses deux sous-gouverneurs, qui sont rétribués par elle ; son conseil d'administration se compose, en outre, de 15 *régents* et de 3 *censeurs* élus par l'assemblée générale des actionnaires.

Le monopole de l'émission des billets ne lui est pas concédé gratuitement. L'État, auquel elle sert de banquier, se réserve une part de ses bénéfices et exige d'elle des avances sans intérêts. Il l'oblige, en outre, à ne faire des avances que sur lingots ou sur titres déterminés et à n'accepter que du papier revêtu de trois signatures. Enfin, il a fixé à l'émission des billets une limite qui a été portée en janvier 1906 de 5 milliards à 5 800 millions — la circulation ayant atteint 4 905 millions; — ce n'est pas excessif pour une encaisse métallique de plus de 4 millards.

Somme toute, ce système a donné d'heureux résultats : à la Banque, puisque ses actions sont cotées à un haut prix ; à l'Etat à qui son crédit a maintes fois été utile — notamment pendant la guerre de 1870-71 où elle lui a prêté jusqu'à 1 500 millions — et qui a dans son encaisse un véritable trésor de guerre; au public, enfin, auquel elle fait l'escompte à aussi bas sinon à plus bas prix que partout ailleurs. Aussi accepte-t-on ses billets comme de l'or.

9. — *Bourses d'effets publics.* — Les bourses d'effets publics sont des marchés spéciaux affectés à l'achat et à la vente des valeurs mobilières. Il existe aussi des *bourses de marchandises* pour les produits de l'agriculture et de l'industrie[1].

Sans entrer dans des détails qui sortiraient de notre cadre, nous dirons simplement que le crédit donne naissance à une foule de titres de toutes sortes, actions et obligations de sociétés, rentes sur l'État, etc., « que les capitalistes n'acceptent qu'à la condition de pouvoir aisément les vendre en cas de besoin ». De là la création de

1. Les unes et les autres sont également dénommées *Bourses de Commerce.* Voir dans *les Grands Économistes*, p. 424 : JOSEPH GARNIER. *les Bourses de Commerce.*

marchés spéciaux destinés à cet usage, et qu'on désigne sous le nom de *bourses*, où l'on achète et où l'on vend les *effets publics et autres*, par l'intermédiaire d'officiers ministériels, appelés *agents de change*.

Les opérations s'y font soit *au comptant* — livraison de titres contre argent, et inversement — quand il s'agit d'acheteurs qui veulent faire un placement ou de vendeurs qui désirent se procurer les fonds dont ils ont besoin ; soit *à terme*, quand il s'agit de spéculateurs qui, parce qu'ils prévoient la hausse, achètent en grande quantité des titres qu'ils seraient souvent dans l'impossibilité de payer, ou qui au contraire, parce qu'ils prévoient la baisse, vendent à *découvert* des titres qu'ils ne possèdent pas.

« Ces spéculations de bourse ont souvent suscité des critiques. On a dit qu'elles détournaient les bourses de leur véritable rôle, substituant au mouvement normal du crédit l'agiotage et le jeu. Elles prêtent, en effet, à de grands abus ; cependant, il faut bien reconnaître qu'elles ont leur utilité. Entretenant l'animation du marché, elles facilitent bien souvent le maintien des cours, le placement des titres et la fondation des entreprises. » (P. Beauregard.)

10. — *Crédit public.* — Les États empruntent généralement sous la forme de *rentes perpétuelles.* Ils peuvent néanmoins alléger leurs charges, soit par la *conversion,* soit par l'*amortissement* de leurs dettes.

Les États, quand ils ont besoin d'argent, et qu'ils ne peuvent songer à se le procurer par l'impôt, recourent au crédit tout comme les particuliers. Les emprunts d'États ont même pris de nos jours une extension tout à fait exagérée, car l'ensemble des dettes publiques, presque insignifiant il y a un siècle, dépasse aujourd'hui 150 milliards.

Les emprunts publics se distinguent complètement des emprunts des particuliers. Ils ont généralement lieu en *rentes perpétuelles,* c'est-à-dire que l'État n'est pas tenu au remboursement, et qu'il s'engage seulement à payer un intérêt, une *rente*, qui est de 3, de 4, de 5 %, ou même davantage suivant le crédit dont il jouit. Bien qu'il ne prenne aucun engagement de rembourser l'emprunt, il n'a qu'à ouvrir une souscription publique et les souscriptions affluent, pour peu qu'il inspire confiance. D'ailleurs, il les attire d'ordinaire en empruntant *au-dessous du pair*, c'est-à-dire en livrant un titre de 100 francs, par exemple, contre un versement de 90 francs, de 80 francs ou même moins. On ne s'expliquerait pas cette manière de faire chez un particulier ; elle peut se comprendre — ce qui ne veut pas dire qu'il faille l'approuver — de la part d'un État auquel il importe peu de s'engager pour une somme supérieure à celle qu'il reçoit, puisqu'il emprunte en rentes perpétuelles et qu'il cherche uniquement à obtenir de l'argent au meilleur marché possible.

Si cependant un État veut réduire sa dette, il le peut, et il a le choix entre deux procédés : la conversion et l'amortissement, c'est-à-dire la réduction soit de l'intérêt, soit du capital de la dette.

1° Il a recours à la *conversion* quand son crédit étant devenu plus grand, il peut obtenir de meilleures conditions. C'est ainsi que la France a pu, par conversions successives, transformer sa dette 5 % en 3 %, et cela sans violer ses engagements, car elle offrait de rembourser au pair de 100 francs ceux de ses créanciers qui n'accepteraient pas la réduction d'intérêt proposée ; elle n'a eu, d'ailleurs, chaque fois, à en rembourser qu'une infime minorité.

2° L'*amortissement* s'opère pour ainsi dire automatiquement quand il s'agit de rentes non perpétuelles, mais émises, comme pour les emprunts des villes, des chemins de fer ou du Crédit foncier, en *obligations amortissables* par tirages successifs. Cette forme d'emprunts semble la plus logique, car la génération actuelle ne charge pas de sa dette les générations futures ; elle a toutefois l'inconvénient de rendre impossibles les conversions. Pour les emprunts contractés en rentes perpétuelles, il existe divers systèmes d'amortissement reposant sur le principe de l'intérêt composé[1]. D'ailleurs, sans qu'il soit nécessaire de constituer une *caisse d'amortissement* spéciale, rien n'est plus simple que de racheter à la Bourse les titres de l'emprunt à amortir et de les détruire ensuite. La seule condition, mais elle est indispensable, c'est que le budget ait des excédents à consacrer

---

1. « On a remarqué qu'un très petit capital placé annuellement produisait, au bout d'un certain nombre d'années, par le jeu des intérêts composés, une somme extrêmement considérable.

« En plaçant un franc par an et en accumulant les intérêts et les intérêts des intérêts au taux de 5 %, on obtient un capital de 100 francs au bout de la trente-sixième année. On a calculé qu'il suffirait d'inscrire tous les ans au budget de l'État, pendant trente six ans, la faible proportion de 1 % du montant de chaque emprunt à partir de l'année où on le contracterait, pour en reconstituer le capital au bout de trente-six ans; mais c'est, bien entendu, à la condition d'avoir placé tous les ans, au taux de 5 %, la dotation de 1 % fournie par le budget, et les intérêts successivement produits par le placement : 1° de la dotation; 2° des intérêts ; 3° des intérêts des intérêts.

« On a remarqué, en outre, que si l'on employait tous les ans à racheter une partie de la dette publique la dotation dont nous venons de parler, et que si l'on conservait comme formant un placement dont on toucherait les coupons, les titres de la dette qu'on aurait ainsi rachetés, on réaliserait aisément, par le placement en nouveaux titres du produit des coupons, les placements successifs nécessaires pour reconstituer le capital par les intérêts composés, comme la théorie l'enseigne.

« Telle a été la découverte du Dr Price, qui a séduit un moment, par la simplicité de sa formule, les financiers les plus éminents de l'Angleterre au XVIIIe siècle, et qu'on a considérée alors comme une sorte d'invention pour éteindre les dettes publiques des États les plus obérés, par l'action d'une puissance mystérieuse, qui était celle des intérêts composés. Il faut d'ailleurs reconnaître qu'on est bien vite revenu de cet enthousiasme irréfléchi et l'on a souvent, depuis lors, reproché à Pitt d'avoir entraîné l'Angleterre à augmenter indéfiniment sa dette par l'illusion de la théorie du remboursement facile, au moyen des intérêts composés, et par la pensée qu'on avait en main comme une sorte de machine automotrice qui créait, pour ainsi dire, en les tirant de rien, les ressources nécessaires à l'amortissement. » (LÉON SAY. Voir dans *les Grands Économistes*, p. 467 : *De l'amortissement*.)

à l'amortissement et qu'on n'y procède pas au moyen d'un nouvel emprunt. « Il n'y a pas d'amortissement si bien combiné dont l'effet ne puisse être, à chaque instant, annulé par la volonté de contracter des emprunts nouveaux ; c'est la volonté de diminuer les dettes qui, seule, constitue un procédé efficace d'amortissement. Le reste n'est qu'un jeu. » (Léon Say.)

QUATRIÈME PARTIE

LA CONSOMMATION

CHAPITRE PREMIER

LA DÉPENSE

Importance de la consommation. — Des bonnes et des mauvaises dépenses. — Des moyens de réduire la dépense : la vie en commun et les fourneaux économiques; les sociétés coopératives de consommation. — La question du luxe. — L'alcoolisme et ses funestes effets.

1. — *La consommation.* — Consommer, c'est détruire l'utilité des choses pour la satisfaction de nos besoins. La consommation est la seule raison d'être de la production et elle doit en être le but final.

« La consommation, dit Adam Smith, est l'unique but, l'unique terme de toute production, et l'on ne devrait jamais s'occuper de l'intérêt du producteur, qu'autant seulement qu'il le faut pour favoriser l'intérêt du consommateur. » Mais il y a plusieurs manières de consommer, de détruire l'utilité des choses, et nous dirons quelles sont les bonnes et les mauvaises consommations. Pour le moment, indiquons simplement qu'on les divise en deux grandes catégories : les consommations improductives et les consommations reproductives. Les premières sont dites *improductives*, parce qu'elles ne produisent pas immédiatement une richesse nouvelle. Les unes sont des consommations *privées*, c'est-à-dire faites par les particuliers pour assurer leur existence ; les autres, des consommations *publiques*, faites par la communauté, par l'État. Elles s'appellent des *dépenses* quand elles sont immédiates, et des *épargnes* quand elles sont destinées à des besoins futurs. Quant aux consommations dites *reproductives*, qui ne détruisent l'utilité des choses que pour créer une nouvelle utilité plus grande, ce qui est le cas des consommations industrielles, elles intéressent la production et non la consommation.

La consommation a une importance capitale car c'est du bon ou du mauvais emploi des richesses que dépend l'enrichissement ou l'appauvrissement des particuliers et des nations. L'économie politique établit les règles qui doivent présider aux consommations privées et aux consommations publiques, afin que « chacun obtienne plus de bien-être et de loisir et que les mauvaises chances de la vie soient atténuées » (P. Beauregard).

2. — *Bonnes et mauvaises dépenses.* — Les seules dépenses utiles sont celles qui ont pour objet la satisfaction d'un besoin. Les autres sont de mauvaises dépenses, surtout celles qui n'ont pour but qu'une destruction ou la satisfaction de la vanité ou de la prodigalité.

Il y a des dépenses éminemment utiles ; ce sont celles qui ne sont qu'une économie bien entendue. J.-B. Say en a donné un exemple souvent cité : « Dans une ferme, dit-il, faute d'un loquet de peu de valeur, la porte d'une basse-cour se trouvait souvent ouverte. Un jour, un jeune et beau porc s'échappa et gagna les bois. Voilà tous les gens en campagne ; le jardinier, la cuisinière, la fille de basse-cour sortirent chacun de leur côté en quête de l'animal fugitif. Le jardinier fut le premier qui l'aperçut et, en sautant un fossé pour lui barrer un passage, il se fit une dangereuse foulure qui le retint plus de quinze jours dans son lit. La cuisinière trouva brûlé le linge qu'elle avait abandonné près du feu pour le faire sécher; et la fille de basse-cour ayant quitté l'étable sans se donner le temps d'attacher les bestiaux, une des vaches, en son absence, cassa la jambe d'un poulain qu'on élevait dans la même écurie[1]. » Ce sont aussi des dépenses utiles que celles qui ont pour objet de procurer une nourriture saine, de bons vêtements, un logis confortable, celles que fait un père pour l'éducation de ses enfants, en un mot toutes les dépenses qui contribuent au développement des facultés physiques, intellectuelles et morales.

D'autres dépenses, par contre, sont de mauvaises dépenses. Ce sont d'abord celles qui n'ont pour résultat qu'une destruction stupide. Bastiat a montré, à propos d'une vitre cassée, la fausseté de ce raisonnement qu'on entend si souvent : que deviendraient les vitriers si l'on ne cassait jamais de vitres ? « *On ne voit pas*, dit-il, que puisque Jacques Bonhomme a dépensé six francs à une chose, il ne pourra plus les dépenser à une autre. On ne voit pas que s'il n'eût pas eu de vitre à remplacer, il eût remplacé, par exemple, ses souliers éculés ou mis un livre de plus dans sa bibliothèque, et qu'il n'y a aucun intérêt pour l'ensemble du travail national à ce que les vitres se cassent ou ne se cassent pas[2]. » Aussi ces dépenses-là, l'économie politique les condamne; et, d'accord avec la morale, elle condamne de même, à plus forte raison, les dépenses nuisibles : l'alcool, le jeu, l'abus du tabac, etc.

Ce sont aussi de mauvaises dépenses que les dépenses de la vanité et de l'ostentation. Comme le dit Franklin, « ce sont les yeux des autres qui nous ruinent ». La vanité et le goût de la parure sont des péchés mignons de la femme. « Vous l'en guérirez, dit Stuart Mill, en lui don-

1. Voir dans *les Grands Économistes*, p. 213 : *De l'économie*.
2. *Idem*, p. 325 : *la Vitre cassée. Toute destruction est un mal.*

nant l'instruction. » Seule, en effet, la culture de l'esprit peut augmenter l'empire de la raison.

Plus mauvaises encore sont les dépenses de la prodigalité. Bien que l'opinion publique soit très indulgente aux prodigues, c'est une erreur de croire que la prodigalité nuisible aux particuliers soit utile à la richesse publique parce qu'elle « fait aller le commerce » ; et le grave Montesquieu a tort de penser que « si les riches ne dépensent pas beaucoup, les pauvres mourront de faim ». On ne procure pas moins de travail en dépensant 10 000 francs à des œuvres utiles qu'en donnant une fête splendide, et il en reste quelque chose, ce qui est l'essentiel ; car il ne faut jamais oublier qu'on « est utile aux travailleurs, non par ce qu'on consomme soi-même, mais seulement par ce qu'on ne consomme pas soi-même » (Stuart Mill).

J.-B. Say a montré, et l'on ne saurait trop le répéter, que les dépenses les mieux entendues sont : 1° celles qui satisfont des besoins réels ; 2° les consommations lentes plutôt que les consommations rapides ; 3° les consommations faites en commun ; 4° enfin, celles qu'avoue la saine morale[1].

3. — *Moyens de réduire la dépense.* — La vie en commun permet de réaliser de notables économies dans les dépenses si lourdes de la table, du logement, du chauffage, de l'éclairage, etc. La charité de son côté s'y ingénie par des institutions philanthropiques comme les *fourneaux économiques.* Enfin les municipalités monopolisent certains services, au grand bénéfice des consommateurs.

La vie en commun est l'application d'une des règles établies par J.-B. Say : « Un seul cuisinier, dit-il, peut préparer également bien le repas d'une seule personne et celui de dix ; un même foyer peut faire rôtir plusieurs

1. Voir dans *les Grands Économistes*, p. 211 : *Quelles sont les consommations les mieux entendues*, et p. 216 : *Règles générales qui s'imposent aux dépenses publiques comme aux dépenses privées.*

pièces de viande aussi bien qu'une seule ; de là l'économie qu'on trouve dans l'entretien en commun des communautés religieuses et civiles, des soldats, des ateliers nombreux. » On sait quel ardent apôtre de la vie en commun fut le socialiste Fourier, cet « utopiste » dont nombre de prédictions se sont déjà réalisées ou sont sur le point de l'être : percement des isthmes de Suez et de Panama, possibilité de déjeuner à Paris et de dîner à Marseille[1], etc.

C'est également sur « la préparation dans des marmites communes de la nourriture d'un grand nombre de personnes dispersées », que reposent les *fourneaux économiques* dont l'existence en France remonte déjà loin. C'est, en effet, vers 1828 qu'une Société philanthropique établit à Paris un établissement qui distribuait en échange d'un jeton donné par elle une portion de légumes cuits à l'eau à consommer sur place. La Société de Saint-Vincent-de-Paul ne tarda pas à établir des fourneaux du même genre et le gouvernement impérial en ouvrit d'autres. Il existe aujourd'hui dans presque tous les arrondissements de Paris, ainsi que dans la banlieue et dans quelques villes de province, de ces institutions qui rendent de sérieux services à la classe indigente pendant les durs mois de l'année[2].

Mais la vie dans un phalanstère peut ne pas être l'idéal, et les fourneaux économiques ne sont qu'une fondation charitable pour les indigents. Il existe d'autres moyens de diminuer les dépenses, tout en vivant de la vie normale,

---

1. Voir dans *les Grands Économistes* la biographie de *Fourier* et divers extraits : *Bénéfices de la gestion combinée. Le Phalanstère*, p. 222, 224 et 304, et plus haut, p. 76.

2. La Société philanthropique entretient à Paris une trentaine de fourneaux qui distribuent par jour 9 000 portions, généralement vendues 10 centimes, ce qui suffit à couvrir les frais. Les restaurants parisiens, connus sous le nom de *Midinettes*, sont fondés sur le même principe. Quant à la *Bouchée de pain*, au *Pain pour tous*, à la *Mie de Pain*, ce sont exclusivement des œuvres d'assistance qui ne distribuent que du pain ou de la soupe, mais gratuitement.

et sans réduire la qualité ni la quantité de ses consommations. Les municipalités peuvent fournir économiquement certaines consommations, établir, par exemple, des boulangeries et des boucheries municipales; et beaucoup d'entre elles ont déjà monopolisé certains services: éclairage, distribution d'eau, tramways, etc. Mais ce sont surtout les sociétés coopératives privées de consommation qui sont appelées à rendre la vie moins coûteuse.

4. — *Sociétés coopératives de consommation.* — Ce sont des associations de consommateurs qui s'unissent pour acheter en commun, au prix du gros, et fournir à leurs adhérents à des prix inférieurs à ceux du commerce de détail des produits de bonne qualité.

Ces sociétés, fondées sur un principe louable et digne de tous les encouragements, répondent à un besoin réel, car les prix du détail sont en général de 40 % plus élevés que ceux du gros. Utiles aux riches comme aux pauvres, c'est surtout à la classe ouvrière qu'elles sont appelées à rendre les plus grands services.

Le premier essai en fut fait en Angleterre par de pauvres ouvriers de Rochdale, près de Manchester. C'était la mise en pratique des idées exposées par le socialiste Owen[1]. On sourit, lorsqu'en 1844, quelques pauvres tisserands, après avoir rassemblé penny par penny la somme de 28 livres sterling ou 700 francs, louèrent une petite échoppe dans laquelle ils vendaient le soir aux membres de leur association les produits alimentaires qu'ils avaient achetés en gros. Or, voici ce que dix ans après on pouvait dire des *Équitables Pionniers de Rochdale* : « Ces multitudes d'humbles ouvriers qui ne savaient jamais auparavant si leurs aliments étaient sains et dont chaque dîner avait souffert quelque falsification, dont les chaussures prenaient l'eau un mois trop tôt,

1. Voir plus haut, p. 76.

dont les vestes étaient luisantes par l'altération du tissu, dont les femmes portaient du calicot qui ne supportait pas le blanchissage, achètent maintenant des marchandises qu'un millionnaire ne dédaignerait pas et mangent des aliments aussi peu falsifiés que ceux d'un lord (et probablement meilleurs, car assurément les lords ne sont pas les moins volés par la concurrence malhonnête dont nous sommes témoins). Ils tissent leurs étoffes, font leurs chaussures, cousent leurs habits et moulent leur farine. Ils achètent le meilleur sucre, le meilleur thé et moulent eux-mêmes leur café. Ils tuent le bétail dont ils mangent la viande, et les plus belles bêtes qui vont par les rues de Rochdale sont pour la consommation des tisseurs de flanelle et des savetiers[1]. »

Aujourd'hui, leur société compte des milliers de membres, chiffre ses affaires par millions et est devenue une des plus importantes maisons de vente de l'Angleterre. Leur exemple a été contagieux. Non seulement en Angleterre, mais dans le monde entier les coopératives de consommation sont nombreuses et puissantes, et elles se développent chaque jour. A Paris et dans toute la France, il y en a près de 2 000 qui disposent d'un capital d'une vingtaine de millions, malgré la modicité de l'apport de chacun ; elles comptent 600 000 adhérents et font 200 millions d'affaires. C'est peu à côté de l'Allemagne — 1 million de coopérateurs et 300 millions d'affaires — et surtout de la Grande-Bretagne qui en compte 2 millions faisant un chiffre d'affaires de 1 400 millions. Dans tous les pays, le développement des coopératives de consommation a été extraordinaire depuis une quinzaine d'années[2].

---

1. Voir *les Grands Économistes*, p. 380-384.

2. Les coopératives ont été devancées par des magasins connus sous le nom d'*Économats*, créés par des patrons pour l'approvisionnement de leurs ouvriers. Bien qu'ils puissent rendre des services, ils sont mal vus des ouvriers tenus ainsi dans la dépendance des patrons, et parfois peut-être exploités par eux. Cependant, les économats n'ont pas complètement disparu.

Les heureux résultats obtenus par les Coopératives de consommation sont dus à l'achat en gros, dont nous avons déjà indiqué les avantages (voir p. 66, *Syndicats agricoles*) et à la vente directe, sans intermédiaires, de produits de bonne qualité et à des prix aussi bas que possible, car les prix d'achat ne sont grevés que des frais indispensables à l'administration de la Société. Elles ne font pas de débiteurs, car tout se vend au comptant, elles ne connaissent par suite ni les pertes ni les procès ; et comme elles ne se heurtent pas aux mêmes écueils que les Coopératives de production (voir p. 64), elles réussissent généralement : il suffit qu'elles aient à leur tête des administrateurs habiles qui sachent acheter, et qu'elles soient dirigées par un gérant honnête. Elles sont, du reste, dispensées de quelques-uns des impôts qui grèvent le commerce.

Les Sociétés coopératives peuvent rendre à la classe ouvrière d'autres services que de diminuer les dépenses. Nous verrons, par exemple, qu'elles peuvent devenir des sociétés d'épargne. Elles peuvent aussi employer leurs bonis à encourager la production coopérative, comme le recommande l'Ecole de Nîmes, ou les consacrer à l'éducation de leurs membres[1]. Ajoutons que leur rôle ne devrait pas se borner à la vente des objets de consommation usuelle, qu'elles pourraient aussi s'occuper de la question du logement, si importante à tant de points de vue[2]. Déjà on en voit, trop peu en France malheureuse-

1. Les Coopératives sont très goûtées des socialistes qui s'efforcent d'en tirer parti. Celles qui subissent leur influence consacrent une partie de leurs bénéfices à des œuvres de solidarité sociale et de propagande socialiste. Le type du genre est en France la *Fraternelle de Saint-Claude*, dans le Jura. La plus connue est la célèbre Coopérative de Bruxelles, la *Maison du Peuple*.

2. Voir dans *les Grands Économistes*, différents extraits, p. 299 : Blanqui, *les Logements d'ouvriers à Lille* ; — p. 365 : Le Play, *Influences morales dérivant de la possession de l'habitation* ; — p. 442 : Jules Simon, *Importance capitale de la question du logement des ouvriers*.

ment, qui font construire pour les ouvriers des maisons confortables et salubres[1]. C'est là une mission éminemment humanitaire dont s'occupent aussi des municipalités, des sociétés philanthropiques et des fondations particulières, comme celle de MM. de Rothschild à Paris, à laquelle ils ont affecté une somme de 10 millions.

5. — *Le luxe.* — Le luxe est la satisfaction d'un besoin superflu. Maintenu dans de justes limites, il n'est pas condamnable, car c'est par lui que se sont accomplis en partie les progrès de l'humanité et que l'existence est devenue meilleure.

Assurément, si l'on entend par luxe les dépenses de la vanité et de la prodigalité, il est condamnable, et nous l'avons montré ; mais si l'on veut désigner simplement le superflu, — et c'est ainsi qu'il faut l'entendre, — il est excusable et même recommandable ; car « il n'est pas un seul objet, dit l'Anglais Mac Culloch, parmi ceux qui sont tenus pour indispensables à l'existence, ou une seule amélioration d'une nature quelconque, qui n'ait été dénoncé à son apparition comme une superfluité inutile ». Il est vrai encore que le luxe est relatif, que tel est blâmable de se livrer à des dépenses parfaitement légitimes chez un autre ; mais il n'est interdit à personne de chercher à se donner plus de bien-être. Où en serait l'humanité si elle avait pratiqué la doctrine ascétique prêchée par les philosophes antiques et les Pères de

---

1. En 1903, il existait en France 56 Coopératives s'occupant de construction de maisons, et y ayant employé 2 800 000 francs. La plus importante, la *Ruche de Roubaix*, en avait fait construire plus de 100. Les caisses d'épargne peuvent les y aider puissamment en leur prêtant leurs énormes capitaux. Une loi récente essaye de les y pousser, et déjà quelques caisses d'épargne, notamment celles de Lyon et de Marseille, sont entrées dans cette voie.

Les constructions de maisons par les Coopératives ont pris un développement considérable en Angleterre et surtout en Amérique, où, en 1900, elles avaient construit 315 000 maisons, dont 60 000 à Philadelphie.

l'Église ? Il n'est pas de plus puissant aiguillon que le luxe pour le travail et pour l'industrie. Ecoutez cette anecdote que nous conte Franklin :

« Le patron d'une chaloupe nous avait rendu quelque petit service pour lequel il refusa tout payement. Ma femme, sachant qu'il avait une fille, lui envoya en présent un bonnet à la mode. Trois ans après, ce maître de navire se trouve chez moi avec un vieux fermier, son passager ; il parle du bonnet et dit combien il avait fait de plaisir à sa fille. Mais, ajouta-t-il, c'est un bonnet qui a coûté bien cher à notre canton. — Comment cela ? — C'est que lorsque ma fille parut à l'Assemblée avec le bonnet, il fut tellement admiré, que toutes les filles résolurent d'en faire venir de Philadelphie ; et ma femme et moi avons calculé que le tout ne peut pas avoir coûté moins de 100 livres sterling. — Cela est vrai, reprit le fermier, mais vous ne contez pas toute l'histoire : je pense, moi, que le bonnet a néanmoins été avantageux pour nous ; car nos jeunes filles se sont mises alors à tricoter des mitaines de laine pour les vendre à Philadelphie, afin d'avoir de quoi y acheter des bonnets et des rubans ; et vous savez que cette branche d'industrie continue, et que même elle promet d'acquérir une beaucoup plus grande importance[1]. »

Il n'est pas douteux, en effet, que le luxe ne soit un des principaux agents du progrès, et il ne l'est pas davantage que sa suppression, loin de procurer à tous les objets indispensables qui manquent encore à un trop grand nombre d'hommes, nous ramènerait aux époques de barbarie. N'oublions pas d'ailleurs, comme le remarque Hume, que « ce sont les arts de luxe qui ont enfanté la classe industrieuse et commerçante, la bourgeoisie, qui a pris l'initiative des réformes et qui les a fait prévaloir malgré l'aristocratie ».

Sans insister davantage et montrer, par exemple, que

---

1. Voir dans *les Grands Économistes*, p. 72 : FRANKLIN, *Réflexions sur le luxe*.

le luxe est le père des arts, concluons ainsi avec Proudhon : « Le luxe humanise, élève et ennoblit les habitudes ; la première et la plus efficace éducation pour le peuple, le stimulant de l'idéal chez la plupart des hommes est le luxe. C'est le goût du luxe qui, de nos jours, à défaut du principe religieux, entretient le mouvement social et révèle aux classes inférieures leur dignité. Le luxe est plus qu'un droit dans la société, c'est un besoin, et celui-là est vraiment à plaindre qui ne se donne jamais un peu de luxe. »

6. — *L'alcoolisme.* — L'alcoolisme est une maladie causée par l'abus des liqueurs alcooliques, qui amène la déchéance de l'individu, la misère de la famille et la dégénérescence de la race. Non seulement il coûte chaque année à la France des sommes énormes, mais il est la principale cause des accidents du travail, des maladies comme la tuberculose, des crimes, de la folie et du suicide. Il faut donc absolument le combattre par les moyens les plus énergiques.

L'alcoolisme mérite une étude spéciale dans le chapitre des dépenses, d'abord parce que c'est une dépense ruineuse, mais surtout à cause de ses funestes conséquences pour l'individu, pour la famille et pour la société : « L'habitude de la boisson, dit M. Frédéric Passy, altère la santé, éteint l'intelligence, amène des tremblements dans les mains qui rendent incapable de bien travailler et, par suite, condamnent à la misère. Enfin, il y a des hommes que le vin ou les mauvaises liqueurs qu'ils absorbent rendent furieux et qui alors, sans en avoir conscience, commettent des crimes, se jettent sur leurs enfants, sur des inconnus parfois, ou mettent le feu aux maisons. Aussi l'ivrognerie ne nuit pas seulement à celui qui s'y abandonne ; elle est un malheur et un danger public[1]. »

---

1. *Les Causeries du grand-père,* p. 222. Alcide Picard, éditeur.

L'alcoolisme a pour conséquence inévitable, avec la déchéance de l'individu qui finit par la folie ou le suicide, la ruine pour les siens, et il est la cause principale du paupérisme. Il amène, en outre, la diminution des naissances et l'abâtardissement de la race, et il compromet par là la sécurité du pays. Enfin c'est à lui que sont imputables la plupart des accidents dans le travail et le plus grand nombre des crimes, et aussi en grande partie la tuberculose, cette maladie meurtrière qui fait chaque année en France 200 000 victimes.

Ce fléau, plus redoutable que les épidémies ou les guerres, qui elles du moins ne sont qu'accidentelles, est relativement nouveau en France, mais il y a pris des proportions effrayantes après la destruction de nos vignobles par le phylloxera. Il résulte d'une statistique, qui remonte à 1895, que l'on consomme chaque année en France plus de 150 millions de litres d'alcool. C'est plus de 300 millions dépensés ainsi par les buveurs d'alcool ; mais il leur en coûte plus de quatre fois autant par suite des salaires perdus par maladies et chômages ; et si l'on y joint les autres dépenses qu'il occasionne, — car un tiers des cas de folie sont causés par l'alcool qui fournit, en outre, aux hôpitaux 70 % des malades et aux prisons 80 % des mendiants et [illegible] % des voleurs, — on peut évaluer le budget de l'alcoolisme au chiffre effrayant de 1 750 millions de francs.

Par quelles mesures pourrait-on arrêter ce véritable fléau ? On a proposé de réprimer très sévèrement l'ivrognerie et d'établir le monopole de la vente de l'alcool. Les sociétés de tempérance sont parvenues à enrayer le mal en Angleterre, en Allemagne, en Suède, etc., où elles existent en grand nombre ; il s'en est aussi fondé en France et elles peuvent rendre de grands services ; mais elles tombent dans l'excès quand elles interdisent l'usage de toute boisson alcoolique, car il y a des boissons hygiéniques et nos législateurs ont été bien inspirés en votant des lois qui les dégrèvent et chargent au contraire l'alcool et ses dérivés. On peut compter aussi sur « une meilleure éducation, un sentiment mieux compris de la dignité humaine, de meilleurs logements donnant le goût de rester chez soi au lieu d'aller au cabaret ». Mais le remède le plus efficace serait la diminution du nombre des cabarets — il y en a plus d'un par 100 habitants en France[1] — et leur réglementation sévère qu'il faudrait avoir le courage d'ordonner.

---

1. 463 967 en 1903.

CHAPITRE II

L'ÉPARGNE

L'épargne et le placement. — Les caisses d'épargne et les sociétés d'épargne. — Les caisses de retraite. — Les sociétés de secours mutuels. — L'assurance: sur la vie, contre l'incendie, contre la grêle, etc.

1. — *L'épargne.* — L'épargne est une consommation différée. Utile à l'individu qu'elle met à l'abri du besoin, elle ne l'est pas moins à la société par la création de nouveaux capitaux.

« Épargner, dit Bastiat, c'est mettre volontairement un intervalle entre le moment où l'on rend un service à la société et celui où l'on en retire des services équivalents. » L'épargne suppose la prévoyance et ne se rencontre que dans les sociétés avancées : le sauvage, lui, « coupe l'arbre au pied pour avoir le fruit ». Il fallait pour qu'elle devînt possible que la chose épargnée pût être conservée — ce qu'a permis l'invention de la monnaie — et que la sécurité fût assez grande pour qu'on fût protégé contre la destruction et le vol. Mais elle n'est devenue importante que lorsque la production a été assez abondante pour qu'après la satisfaction des exigences de la vie, il restât un excédent disponible. L'épargne prélevée sur le nécessaire serait peu de chose, et d'ailleurs elle n'est pas recommandable.

Aussi ce sont les classes riches ou aisées qui contribuent surtout à la formation de ces économies qu'on évalue pour la France à 2 ou 3 milliards par an sur un revenu de 30 à 35 milliards. En agissant ainsi, elles remplissent un devoir social et sont grandement utiles à la société. C'est à tort, en effet, que l'opinion publique si indulgente au prodigue se montre parfois sévère pour l'homme économe. Le prodigue, nous l'avons dit, est un destructeur de capitaux ; l'homme économe, au contraire, bien loin de nuire à la consommation, donne lieu à une consommation utile qui se reproduit et se renouvelle à perpétuité. « Toute épargne, dit J.-B. Say, tout accroissement de capital prépare un gain annuel et perpétuel, non seulement à celui qui a fait cette accumulation, mais à tous ceux dont l'industrie est mise en mouvement par cette portion du capital[1]. » Si la thésaurisation a été la première forme de l'épargne, aujourd'hui épargner n'est plus thésauriser, mais créer de nouveaux instruments de travail qui contribuent à rendre la production plus active et plus abondante.

2. — *Le placement.* — Placer ses épargnes, c'est les faire valoir. Cela est aujourd'hui rendu facile à tous.

Les épargnes faites, il s'agit non seulement de les conserver, mais de les employer utilement et fructueusement, de les placer en un mot, ce qui est du reste facile dans nos sociétés avancées : propriétés foncières, prêts hypothécaires, valeurs mobilières, dont plus d'un millier sont cotées à la seule Bourse de Paris, on n'a que l'embarras du choix ; peut-être même les placements sont-ils trop faciles, car le capitaliste ne songe plus à utiliser lui-même ses capitaux. Les petites épargnes mêmes peuvent facilement s'employer : l'achat d'un titre de rente 3 %, d'un quart d'obligation de la Ville de Paris ou d'un cinquième d'obligation du Crédit Foncier n'exige qu'une somme minime. Pour ces petites épargnes ont été créées, d'ailleurs, nombre d'institutions utiles dont nous allons nous occuper.

1. Voir dan *les Grands Économistes*, p. 205.

3. — *Caisses d'épargne.* — Les caisses d'épargne sont des institutions destinées à favoriser les petites épargnes. Elles les reçoivent et les remboursent avec la plus grande facilité et leur servent un intérêt. La Caisse des dépôts et consignations gère les fonds des caisses d'épargne sous la surveillance de l'État qui en garantit la sécurité.

Le seul moyen d'atténuer les risques de l'existence et de s'assurer la sécurité est de se constituer un capital. Or, comment y arriver avec des épargnes de quelques sous ? C'est ce que permet la caisse d'épargne dont le rôle s'explique et se justifie par la stérilité et l'impuissance relatives de la petite épargne.

Pour qu'elles remplissent leur rôle, il faut que les caisses d'épargne offrent toutes facilités aux déposants, qu'elles reçoivent avec le moins de formalités possibles les sommes qui leur sont versées et notamment les plus petites, qui doivent être soustraites aux tentations de chaque jour, et qu'elles les sollicitent par l'attrait d'une rémunération ; il faut aussi qu'elles soient prêtes à rembourser, comme elles sont prêtes à recevoir, et enfin qu'elles offrent toutes les garanties de sécurité.

La première caisse d'épargne fut fondée à Paris en 1818 sous l'impulsion de B. Delessert (il en existait en Angleterre depuis 1803). Tout d'abord la législation ne s'occupa ni de la création ni de l'organisation des caisses d'épargne ; mais leurs directeurs, embarrassés pour le placement de leurs fonds et pour le service des intérêts, demandèrent à l'État de s'en charger. C'est ce qu'il fit : la loi organique du 5 juin 1835 reconnut aux 140 caisses déjà fondées le caractère d'utilité publique et leur donna le droit de verser les sommes recueillies à la Caisse des dépôts et consignations ; en même temps, elle subordonna toute création nouvelle à une autorisation préalable. Cependant, les caisses d'épargne étaient impuissantes à recueillir la petite épargne partout où elle se forme et elles ne se développaient que lentement : en 1879, on ne comptait encore en France que 1 332 caisses d'épargne ; il n'y avait qu'un livret pour 12 habitants, avec une moyenne de 28 francs seulement par livret. Alors, à l'imitation de l'Angleterre, fut établie par la loi du 9 avril 1881 la *Caisse nationale d'épargne* ou *Caisse d'épargne postale* qui offre de plus grandes facilités aux déposants, puisque, sauf à Paris où elles sont ouvertes tous les jours, les caisses d'épargne privées ne sont ouvertes que le dimanche.

Le fonctionnement des caisses d'épargne a été réglé par la loi du 20 juillet 1895. Un livret individuel est établi sur sa demande, et sans frais, au nom de chaque déposant; les mineurs sont admis à s'en faire délivrer, et la femme mariée le peut également sans l'autorisation de son mari. Les versements sont reçus à partir de 1 franc ; il a même été créé des *bulletins d'épargne* destinés à recevoir des timbres-poste ordinaires à 5 ou 10 centimes, et lorsque le bulletin contient pour 1 franc de timbres, cette somme est inscrite sur le livret individuel. Une limite maxima de 1 500 francs a été fixée, sauf pour les sociétés de secours mutuels et pour d'autres institutions spécialement autorisées, qui peuvent verser jusqu'à 15 000 francs. Cette limitation est légitime, car les caisses d'épargne, destinées à la petite épargne, ne doivent pas devenir des institutions de placement pour les rentiers ou les commerçants aisés ; c'est pour le même motif que l'intérêt est fixé à un taux peu élevé. Si pourtant le déposant veut devenir capitaliste, il le peut et la caisse d'épargne l'y aide même : sur sa demande, elle emploie ses fonds à l'achat de rentes nominatives sur l'Etat, en titres de 10 francs au minimum ; cet achat est gratuit ainsi que la garde des titres achetés.

Les fonds déposés à la caisse d'épargne peuvent être retirés à volonté, ce qui est légitime également, puisque le rôle des caisses d'épargne est d'être en quelque sorte des tirelires, perfectionnées il est vrai, mais destinées néanmoins à venir en aide aux déposants en cas de besoin. Les remboursements ne sont exigibles que dans un délai de quinze jours, mais en réalité ils ont lieu plus rapidement, et peuvent même être faits *à vue*.

Grâce à toutes ces facilités, les dépôts aux caisses d'épargne ont pris un grand développement, surtout ceux qui s'effectuent aux caisses d'épargne privées : sur 11 millions de livrets environ, plus des deux tiers et plus des trois quarts des dépôts leur appartiennent, sans doute à cause de l'intérêt plus élevé qu'elles servent, 3 francs au lieu de 2f,50. Ces dépôts atteignent aujourd'hui en France 4 milliards et demi et ils sont aussi élevés sinon plus dans beaucoup d'autres pays[1]. C'est que, outre les

---

1. M. Gide, dans son *Économie sociale*, donne la statistique suivante, se rapportant à l'année 1897 :

	Nombre de déposants	Proportion relativement à la population p 0/0	Sommes déposées en millions	Moyenne par livret	Moyenne par habitant
	—	—	—	—	—
Allemagne	13 500 000	26	9 500	710	188
France	9 962 000	25	4 271	412	111
Grande-Bretagne	8 767 000	22	4 145	470	103
Etats-Unis	5 688 000	7,5	11 553	2 031	156
Autriche-Hongrie	5 121 000	12	6 006	1 107	135
Italie	4 976 000	16	2 146	431	68
Belgique	2 753 000	42	1 046	380	159
Suisse	1 300 000	42	1 000	769	325
Danemark	1 063 000	46	897	844	389
Etc.					

Ces chiffres doivent être majorés aujourd'hui, car, au 1er janvier 1903, il y avait en France 11 298 000 livrets, formant un total de 4 430 millions, soit une moyenne de 388 francs par livret.

Il est à remarquer qu'on ne compte guère qu'un ouvrier sur 7 déposants; même en y comprenant les travailleurs agricoles, les ouvriers ne constituent que 28 % des déposants, et les classes aisées possèdent plus du quart, peut-être la moitié des livrets, avec 85 % des dépôts. La Caisse d'épargne postale semble avoir une clientèle plus démocratique : au 1er janvier 1905, pour 4 345 446 livrets, elle n'avait que 1 187 348 661 francs de dépôts, soit une moyenne de 273 francs.

Plusieurs caisses d'épargne, à l'étranger, sont beaucoup plus importantes que les nôtres. Celle de Milan avait, en 1900, un chiffre de dépôts de 597 millions et possédait une fortune personnelle de 88 796 000 francs. La Caisse de Paris, la plus importante de France, n'avait que 135 millions de dépôts et sa fortune personnelle n'était que de 6 431 000 francs. Nos 547 caisses d'épargne ne possédaient ensemble que 138 millions de francs.

Il existe aussi des *Caisses d'épargne patronales*, au Creusot et à

facilités qu'elles offrent, les caisses d'épargne présentent toutes les garanties de sécurité, car elles fonctionnent sous la surveillance et la responsabilité de l'État. La Caisse des dépôts et consignations gère leurs fonds qu'elle emploie à l'achat de titres de rente sur l'État ou d'obligations du Crédit foncier, des départements ou des villes, sauf une réserve destinée à assurer les remboursements et qui doit être de 10 % du montant des dépôts, jusqu'à concurrence de 100 millions. Elle sert aux caisses d'épargne un intérêt de 3f, 25 %.

Les milliards ainsi déposés sont une ressource pour l'État, mais aussi un danger. D'abord c'est une tentation de dépenses que ces centaines de millions qui affluent chaque année dans ses caisses, et puis l'État encourt une grande responsabilité : qu'arriverait-il si, en cas de panique, un grand nombre de déposants réclamaient à la fois le remboursement ? Pour y parer, la loi a établi ce qu'on appelle la *Clause de sauvegarde :* en cas de force majeure, des décrets rendus après avis du Conseil d'État permettent d'autoriser les caisses d'épargne à n'effectuer les remboursements que par acomptes de 50 francs par quinzaine, au maximum. Le danger existe néanmoins et il serait désirable qu'il fût permis à nos caisses d'épargne, comme dans divers pays étrangers, d'employer leurs fonds, par exemple, à des prêts à l'agriculture qui, faits à un taux modéré, pourraient rendre en France les mêmes services qu'en Italie.

Déjà la permission accordée en 1895 aux caisses d'épargne privées d'employer la totalité de leurs revenus et le cinquième de leurs fonds d'autre façon qu'à l'achat de rentes ou d'obligations est un premier pas, mais trop timide encore dans cette voie.

Baccarat, par exemple, qui allouent généralement un intérêt plus élevé, et parfois, à l'imitation de la Caisse d'épargne du Japon, servent un intérêt plus fort aux petits dépôts. Quant aux *Caisses de prévoyance*, comme celle du Bon Marché, à Paris, elles ne sont pas des caisses d'épargne, puisque les bénéficiaires ne font aucun versement.

Les *Caisses d'épargne scolaires* qui recueillent les menues sommes de l'enfant, jusqu'à ce qu'elles aient atteint 1 franc et puissent être versées à la caisse d'épargne voisine, jouent en quelque sorte le rôle de recruteurs pour les caisses d'épargne en habituant les enfants à l'épargne. La première caisse d'épargne scolaire a été créée en 1834 par M. Dulac, directeur de l'école mutuelle d'enseignement primaire du Mans ; mais cette institution ne s'est développée que depuis 1873.

4. — *Sociétés d'épargne.* — En dehors des caisses d'épargne, il existe de nombreuses sociétés qui ont aussi pour but de favoriser l'épargne et d'aider à la constitution d'un capital ou d'une rente.

Il y en a de diverses sortes. Les unes permettent au moyen de cotisations périodiques la constitution d'un capital au bout de dix ou vingt ans ; la plus connue est la *Fourmi* qui a pris un si grand développement, qui a plus de 70 000 sociétaires et plus de 30 millions de capitaux, et dont une des combinaisons, la *Fourmi immobilière*, permet même de devenir copropriétaire d'un immeuble[1]. D'autres ont imaginé de faire faire des économies au moyen des dépenses mêmes. C'est le cas de ces sociétés qui, à la suite d'une entente avec les commerçants d'une ville, délivrent à leurs adhérents des *jetons* au moyen desquels ils soldent leurs achats. Au moment de la vente des jetons, la société fait à l'acheteur une remise, 5 % par exemple, qu'elle inscrit sur son livret ; et à la fin de l'année la totalité de ses remises est versée à son nom à

1. Les sociétés établies sur le principe de la *tontine*, c'est-à-dire dans lesquelles les versements des associés décédés avant le partage doivent profiter aux survivants, sont assez nombreuses et quelques-unes très importantes ; mais cette forme de la solidarité est peu recommandable, car c'est une véritable loterie. Aussi est-ce avec juste raison qu'une loi de 1901 a limité, à l'occasion des *Prévoyants de l'Avenir*, la somme que peut toucher un sociétaire, sous forme de pension, à une fois et demie le montant de ses versements.

la Caisse des retraites. Souvent aussi les Coopératives vendent à des prix qui ne sont que légèrement inférieurs à ceux du commerce de détail et en fin d'exercice partagent les bénéfices réalisés entre leurs adhérents au prorata des achats de chacun.

5. — *Caisses de retraite.* — Le but de tout homme prudent est de s'assurer une retraite, c'est-à-dire un revenu certain pour l'époque où l'âge ou les infirmités l'empêcheront de gagner sa vie. Il le peut au moyen de versements périodiques faits soit à une compagnie d'assurances, soit à la *Caisse nationale des retraites pour la vieillesse.*

L'État, par la loi du 9 juin 1853, a organisé des pensions de retraite pour ses fonctionnaires, au moyen de prélèvements sur leurs traitements. Beaucoup de grandes sociétés agissent de même à l'égard de leurs employés. D'ailleurs, sans parler d'autres moyens, la *Caisse nationale des retraites pour la vieillesse*, instituée « pour recueillir et faire fructifier, par l'accumulation des intérêts, l'épargne réalisée » permet à tous de se constituer une pension de retraite pour leurs vieux jours.

La Caisse des retraites, créée par une loi de 1850 et réorganisée par les lois du 20 juin 1886 et du 26 juillet 1893, reçoit au nom de toute personne, depuis trois ans jusqu'à soixante-cinq ans, des versements de 1 franc à 500 francs par an, limite qui ne peut être dépassée que par les sociétés de secours mutuels et les autres institutions autorisées. Les versements peuvent être faits chez tous les comptables du Trésor et les receveurs des postes; les femmes mariées sont admises à en faire sans l'autorisation de leur mari. Les versements sont faits soit à capital *réservé*, c'est-à-dire qui sera restitué aux héritiers de l'assuré à sa mort, soit à capital *aliéné.* Dans ce cas, le taux de la retraite est naturellement plus élevé. On peut toujours, du reste, transformer un capital réservé en capital aliéné, comme aussi reculer l'âge fixé pour la retraite afin d'en augmenter le montant. Un versement de 1 franc par semaine à partir de 25 ans assure une pension de retraite de 121 francs à 50 ans et de 277 fr. à 60 ans, s'il est fait à capital réservé ; à capital aliéné les chiffres seraient respectivement 176 francs et 458 francs.

L'entrée en jouissance de la pension de retraite est fixée au choix du déposant de 50 à 65 ans. L'âge peut toutefois être abaissé au-dessous de 50 ans en cas d'infirmités prématurées mettant l'assuré dans l'incapacité de travailler; et, grâce à un crédit inscrit chaque année au budget, ces pensions prématurées peuvent être bonifiées jusqu'à concurrence de 360 francs.

Le maximum de la retraite est fixé à 1 200 francs, dont 360 francs, ou même la totalité, en cas de donation et sur la volonté du donateur, sont incessibles et insaisissables.

Les fonds de la Caisse des retraites sont gérés par la Caisse des dépôts et consignations qui leur sert un intérêt de 3f, 50. Même l'intérêt est de 4f, 50 pour les sommes déposées par les sociétés de secours mutuels. Ce taux élevé constitue une charge assez lourde pour l'État qui accorde, en outre, des bonifications jusqu'à concurrence de 360 francs aux pensions modiques. La charge est d'autant plus considérable que la Caisse des retraites compte environ 1 200 000 déposants, mais n'est-ce pas un devoir social de première importance de mettre les travailleurs à l'abri du besoin dans leurs vieux jours[1] ?

6. — *Sociétés de secours mutuels.* — La Mutualité est une forme de l'assurance, pour le cas de maladies,

---

1. Une loi de finances de 1897 oblige l'État à collaborer jusqu'à concurrence de 50 francs à toute pension de retraite ne dépassant pas 200 francs, accordée à des indigents âgés de 70 ans, par les départements ou les communes. Mais la pension reste facultative pour les départements et les communes, et ils n'en abusent pas. Aussi la charge est-elle, de ce chef, des plus minimes pour l'État.

d'infirmités, de chômage.... **Les sociétés de secours mutuels qui substituent à l'aumône la prévoyance sont des institutions moralisatrices qui méritent les plus grands encouragements.**

C'est une forme spéciale et perfectionnée d'association et d'épargne entre travailleurs pour le cas où ils viennent à être frappés par une des éventualités qui les menacent plus spécialement. On a dit que c'est une « loterie en sens inverse où les mauvais numéros sont gagnants ». Moyennant une cotisation modique, 1 ou 2 francs par mois, on reçoit une indemnité pendant la maladie et le payement des frais de médecin et de pharmacien ; et ces secours sont un droit et non une aumône, toujours humiliante pour celui qui la reçoit.

Les sociétés de secours mutuels ont reçu une existence légale par la loi du 15 juillet 1850, et il leur suffit aujourd'hui pour exister de se conformer aux prescriptions, d'ailleurs très simples, de la loi du 1er avril 1898. Les mineurs peuvent en faire partie, ainsi que les femmes, sans l'autorisation de leur mari. Elles se composent de *membres participants* qui payent les cotisations fixées par les statuts et bénéficient des avantages statutaires, et de *membres honoraires* qui payent des cotisations ou font des dons à l'association sans participer aux bénéfices des statuts. L'admission de membres honoraires, autorisée par décret du 26 mars 1852, a été critiquée comme étant un appel à la charité. On a eu tort ; sans compter que la plupart des sociétés ne peuvent vivre que grâce aux membres honoraires, il y a là un rapprochement des classes qui est d'un intérêt social élevé.

Les sociétés de secours mutuels versent chaque année, en fin d'exercice, une partie de leurs fonds disponibles à la Caisse des dépôts et consignations, afin d'assurer une pension de retraite à leurs membres ; mais ce n'est pas là leur rôle, leurs cotisations sont généralement trop modiques pour cela. Tandis qu'elles rendent les plus grands services comme sociétés de secours, elles ne donnent guère en moyenne que 70 francs de pension[1]. Il ne faut pas toutefois les en détourner, car « l'emploi d'un livret, véritable titre nominatif des versements opérés par le sociétaire, doit stimuler l'initiative individuelle dans l'œuvre de la retraite et de l'assurance » (*Waldeck-Rousseau*, discussion de la loi).

Les sociétés de secours mutuels sont nombreuses en France[2] : en 1904, on en comptait 18 500 réunissant 3 700 000 membres — dont les 700 000 enfants des *Petites Cavé*[3] — et possédant 380 millions de capitaux. Elles sont plus nombreuses encore et beaucoup plus puissantes en Allemagne, et surtout en Angleterre. Les sociétés françaises sont souvent minuscules : ainsi les 7 000 mutualistes de Reims se répartissent entre 49 sociétés. La plus importante, la *Fraternelle des em-*

1. En 1900, la moyenne de la cotisation était de 13 fr. 35 contre une moyenne de frais de maladie de 16 fr. 88, d'où un déficit de 3 fr. 53 qui n'a pu être comblé que grâce aux cotisations des membres honoraires et aux subventions de l'État : environ 16 millions contre 27 fournis par les mutualistes.

2. Les Sociétés de secours mutuels sont de trois sortes : 1° les *sociétés libres*, qui peuvent recevoir des dons mobiliers, mais ne peuvent acquérir que les immeubles nécessaires à leurs services ; 2° les *sociétés approuvées* qui peuvent recevoir des dons immobiliers et, après avis du Conseil d'Etat, acquérir des immeubles jusqu'à concurrence des trois quarts de leur avoir ; les municipalités doivent, en outre, leur fournir des locaux pour leurs réunions ; 3° les *sociétés reconnues d'utilité publique*, qui jouissent des mêmes avantages et possèdent dans toute leur plénitude les droits des personnes civiles.

3. Ce sont des sociétés scolaires, ainsi appelées du nom de leur fondateur. Elles sont au nombre de 4 000, englobant 13 000 écoles. Les enfants versent 10 centimes par semaine, soit 5 fr. 20 par an, sur lesquels la mutualité scolaire garde 1 fr. 20 pour les distribuer aux sociétaires en cas de maladie, et verse 4 francs à la Caisse des retraites. Si l'on entre dans une « Petite Cavé » à 6 ans et que l'on continue à verser jusqu'à 60 ans, on s'assure une pension de 117 francs et même de 160, en y ajoutant la subvention de l'État. — Pour plus de détails voir *Jean Lavenir*. Alcide Picard, éditeur.

ployés et ouvriers de chemins de fer, avec ses 112 000 sociétaires et son capital de 30 millions de francs, est bien loin de la *Manchester Unity of old Fellows* qui compte 1 125 000 membres et possède 270 millions; et il y a en Angleterre plusieurs autres sociétés presque aussi importantes. Il est vrai que depuis quelque temps, les mutualités françaises sont en voie de se fédérer en Unions plus vastes ; et même en 1902 a été créée une *Fédération nationale* qui « fait une campagne très active pour faire des sociétés de secours mutuels l'organe principal de la solidarité sociale » (Ch. Gide).

7. — *L'assurance.* — L'assurance est un mode ingénieux d'atténuer les risques de l'existence en les divisant, grâce à une association fondée sur le calcul des probabilités. Elle s'adresse à tous les risques : maladies, accidents, chômage, fléaux, mort, etc., et garantit des dommages éventuels au moyen d'un sacrifice actuel, d'une *prime* qui varie suivant l'intensité du risque. Les Compagnies privées demandent une prime fixe; les Mutuelles, généralement, une prime variable, proportionnée aux sinistres de l'année.

Nous sommes à chaque instant menacés de maux de toutes sortes. Le but de l'assurance est non de les supprimer, ils sont inévitables, mais de garantir contre leurs effets par la solidarité, qui fait que l'assuré n'est plus isolé dans la lutte contre le hasard.

L'assurance est de date récente ; elle n'existait avant le XIXe siècle que contre les risques maritimes. Elle n'a pu se répandre que lorsque les renseignements fournis par la statistique permirent de dresser des tableaux suffisamment exacts de probabilités. Si l'on considère 100 maisons, il est de toute impossibilité d'établir aucune prévision pour les sinistres possibles ; mais s'il s'agit de 1 000 et à plus forte raison de 100 000 maisons, les chances d'exactitude dans les prévisions augmentent. Plus grand est le nombre des maisons assurées, plus il devient possible d'établir avec une quasi-certitude quelle sera la proportion des incendies, et quel sacrifice doit être exigé de tous pour réparer le dommage causé à quelques-uns. Ce sacrifice s'appelle une *prime*. Grâce à cette prime annuelle, nous ne sommes pas préservés de l'incendie, mais nous serons indemnisés des dommages causés par l'incendie. L'assurance donne donc la sécurité. Utile à tous, elle est surtout précieuse pour les moins riches. C'est la forme supérieure de la prévoyance dont la caisse d'épargne est la forme rudimentaire.

L'assuré peut acheter la sécurité, soit à *prime fixe*, soit à *prime variable*, « au cours de l'année ». L'assurance à prime fixe est pratiquée par des compagnies ; elle coûte plus cher, car les compagnies cherchent à faire rapporter le plus possible à leurs capitaux ; mais, en revanche, on sait exactement à quoi l'on s'engage, et le capital, généralement considérable, de la compagnie est une garantie qu'on sera indemnisé intégralement du dommage éprouvé. L'assurance à prime variable est propre aux mutuelles qui répartissent chaque année les dommages entre tous les associés. Vraies coopératives qui se proposent de se passer du capital afin d'en éviter la rémunération, elles réalisent l'idéal de l'assurance, puisqu'elles procurent la sécurité au prix coûtant. Quand elles sont bien gérées, les mutuelles sont donc préférables ; aussi les compagnies cherchent-elles à atténuer leur infériorité sous ce rapport par une participation aux bénéfices accordée à leurs assurés[1].

Les primes fixes conviennent mieux à tels risques, les primes variables à tels autres, et le champ est vaste pour les unes et les autres, car il n'est pas de risques

1. Certaines mutuelles opèrent de leur côté à prime fixe. Si la prime demandée est insuffisante, elles ne payent les sinistres que dans une certaine proportion, ou bien font un appel supplémentaire aux associés ; au contraire, en cas d'excédent, elles leur font une restitution.

auxquels ne puisse s'adresser l'assurance. Il y a même des assurances contre le vol. Les assurances à prime fixe sont généralement préférées contre les risques maritimes, contre les accidents et pour l'assurance sur la vie, en France du moins, car il en est autrement en Amérique ; les mutuelles l'emportent dans les assurances contre la grêle et contre la mortalité du bétail. Quant aux assurances contre l'incendie, elles se répartissent à peu près à parts égales.

L'*assurance contre l'incendie* est de la prudence la plus élémentaire ; elle est du reste peu coûteuse, moins de 1 ‰ de la valeur assurée ; aussi est-elle très répandue.

Il n'en est pas de même de l'*assurance sur la vie* qui coûte très cher, parce que le risque deviendra fatalement une réalité, un peu plus tôt ou un peu plus tard ; c'est pourquoi la prime à payer augmente avec l'âge de l'assuré. Ce genre d'assurance ne fut d'abord qu'une sorte de jeu ou de pari sur la vie humaine. La première compagnie d'assurance sur la vie, établie sur les bases scientifiques, fut fondée en Angleterre, en 1765 ; en France, l'assurance sur la vie ne se développa qu'à partir de 1820. Elle s'impose aux personnes sans fortune dont le travail seul assure le sort de la famille. Très répandue en Angleterre et en Amérique, elle ne l'est pas assez chez nous.

L'assurance sur la vie présente des combinaisons nombreuses. Par l'*assurance sur la vie proprement dite*, l'assuré laisse une somme aux siens à son décès. Par l'*assurance mixte*, cette somme sera versée à lui-même à une époque déterminée s'il est vivant, et à ses héritiers à son décès, s'il meurt auparavant. L'*assurance à capital différé* ressemble à la précédente, sauf que la somme ne sera versée qu'à l'époque fixée, mais il n'y a plus de primes à payer en cas de mort de l'assuré. L'*assurance entre époux* convient au mari qui veut mettre sa femme à l'abri du besoin s'il vient à mourir avant d'avoir eu le temps de se constituer un capital. La constitution d'une *rente viagère* à un certain âge, ou d'une *dot* à la majorité sont encore d'autres formes de l'assurance sur la vie.

Cette assurance étant un acte de prévoyance des plus louables, il faut qu'elle offre au public des garanties sérieuses. Aussi l'État a le devoir de veiller à ce que les conditions du contrat soient exécutées. C'est pourquoi il oblige les compagnies françaises à faire un emploi déterminé de leurs fonds ; il vient de même, à juste titre, d'obliger les compagnies étrangères à posséder en France un capital de garantie, en immeubles ou en valeurs déterminées, proportionnel à leur chiffre d'affaires. Il a du reste créé lui-même, sans grand succès d'ailleurs, une caisse nationale d'assurance en cas de décès[1].

L'*assurance contre les accidents* est un complément de l'assurance sur la vie. Plus récente, elle apparaît simultanément en 1847 et en 1848 en Amérique et en Angleterre. L'Allemagne, depuis une vingtaine d'années, a organisé obligatoirement l'assurance contre les accidents à la charge des patrons, l'accident étant considéré comme un des risques de l'exploitation, et l'assurance contre la *maladie* et contre la *vieillesse*, moitié à la charge des ouvriers, moitié à celle des patrons ; l'État y ajoute une subvention de 50 marks ou $62^{f},50$ par an à chacun des 15 millions d'assurés[2]. Jusqu'à ces derniers temps, en France, l'assurance contre les accidents

1. Il ne semble pas que l'État ait grand intérêt à se faire assureur : nos compagnies d'assurances contre l'incendie lui ont versé, dans les 25 dernières années, 407 millions d'impôts, pendant que les dividendes des actionnaires ne s'élevaient qu'à 377 millions, y compris 153 millions pour l'intérêt des fonds placés.

2. En 1904, il a été versé aux ouvriers allemands une somme de 136 millions de marks, soit 170 millions de francs — contre 87 en 1900, 98 en 1901, 111 en 1902 et 124 en 1903 — dont :

105	millions de marks pour	l'assurance-invalidité.
21	— — —	l'assurance-vieillesse.
3	— — —	l'assurance-maladie.

existait seule, sans grands développements, depuis 1865, soit individuellement, soit collectivement, lorsqu'un industriel voulait garantir contre les accidents l'ensemble de ses ouvriers. Une loi récente, de 1898, a garanti contre les accidents tous les ouvriers de l'industrie ; et, comme en Allemagne, cette assurance est à la charge de l'employeur, mais sans obligation pour lui de s'assurer à une compagnie ; toutefois, il est de son intérêt de le faire. Pour la maladie, l'État, jusqu'ici, accorde seulement une majoration d'intérêt aux sociétés de secours mutuels. Enfin, un projet de loi est actuellement soumis aux Chambres organisant l'assurance contre la vieillesse, à l'exemple de l'Allemagne, moitié aux frais des patrons, moitié à la charge des ouvriers, et avec une subvention de l'État. Déjà quelques industriels, les grandes sociétés notamment, ont créé des caisses de retraite ou des caisses de secours, avec ou sans la participation de leurs employés ; elles sont admises à bénéficier des avantages accordés par la Caisse des dépôts et consignations[1].

L'*assurance contre le chômage* a été essayée par quelques syndicats, et certaines municipalités, comme Dijon et Limoges, les subventionnent. Seules, jusqu'ici les Trade-Unions anglaises ont obtenu des résultats satisfaisants, grâce au taux élevé de leurs cotisations. Elles y consacrent un quart de leurs dépenses. La Fédération du Livre est entrée dans cette voie en 1904, lorsqu'elle a porté ses cotisations de 0f,50 par mois à 2 francs en vue de l'assurance contre la maladie et le chômage auquel elle consacre 1f,25[2].

---

1. En dehors des Compagnies de chemins de fer et des industries minières qui, elles, ont constitué des retraites sérieuses, sur 296 000 établissements industriels, il n'y en a que 229 où les retraites pour les ouvriers soient organisées. Sur 2 600 000 travailleurs, 115 000 à peine sont touchés par ces retraites particulières. (M. Guieysse, rapporteur de la loi à la Chambre des députés, 8 novembre 1905.)

2. Les *Caisses de chômage* méritent d'être encouragées, et c'est avec raison qu'un décret du 9 septembre 1905 leur a accordé une subvention de 110 000 francs.

D'autres assurances très répandues contre la *mortalité du bétail* sont pratiquées soit par des compagnies, soit plus généralement par des mutuelles, dont le champ d'action se borne souvent à une seule commune, parfois à un canton. Il devrait en exister partout. On en comptait, en 1904, 4 769 avec 265 000 membres, assurant 250 millions de capital. L'État leur accorde une subvention de 600 000 francs.

On a essayé, sans succès, des assurances *contre la gelée.* Même les *assurances contre la grêle* sont très coûteuses, car elles entraînent à de grands frais d'expertise, et si la grêle a été un peu générale, elles ne peuvent faire face à leurs engagements. Aussi, toutes les fois que cela est possible, dans les vignobles, par exemple, l'emploi des fumées contre la gelée ou des canons contre la grêle est préférable aux assurances.

CHAPITRE III

LA POPULATION

La population et la loi de Malthus. — L'émigration et la colonisation. — Le paupérisme.

1. — *La population.* — La production d'un pays doit être assez abondante pour suffire aux besoins de ses habitants, sans quoi c'est la pauvreté et la misère pour une partie de la population. La crainte que la population ne croisse beaucoup plus vite que n'augmentent les moyens de subsistance, a fait jeter à l'anglais Malthus un cri d'alarme, dont heureusement il n'y a pas lieu de s'inquiéter.

Évidemment, si les progrès de la production n'étaient pas suffisamment rapides pour répondre aux exigences de la consommation, il en résulterait une situation inquiétante. Cette crainte se présenta, il y a un siècle, à l'esprit d'un pasteur anglais, Malthus[1]. Frappé de « la tendance constante qui se manifeste dans tous les êtres vivants à accroître leur espèce plus que ne le comporte la quantité de nourriture qui est à leur portée », il crut pouvoir affirmer que si l'augmentation de la population n'est arrêtée par aucun obstacle elle double tous les vingt-cinq ans et croît selon une progression géométrique, tandis que les moyens de subsistance n'augmentent que selon une progression arithmétique. En conséquence, il

1. Voir dans *les Grands Économistes*, p. 190 : *Théorie de la population.*

posa la formule suivante qui est célèbre sous le nom de *loi de Malthus :*

Augmentation de la population : 1-2-4-8-16-32-64-128-256.
— des subsistances : 1-2-3-4- 5- 6- 7- 8- 9.

Ainsi, au bout de deux siècles, la population serait aux moyens de subsistance comme 256 est à 9.

Théoriquement, il y a un fond de vrai dans la loi de Malthus, puisque la terre est limitée et que la faculté prolifique des êtres est illimitée ; mais en réalité sa théorie ne repose que sur une double hypothèse. D'une part, suivant la remarque de M. Leroy-Beaulieu, il n'est pas certain que l'accroissement continu de la population, qu'on s'est habitué à considérer comme une loi de nature, ne soit pas un fait historique passager. L'exemple de la France et des États de la Nouvelle-Angleterre aux États-Unis montre que l'accroissement de la population est extrêmement lent dans les pays arrivés à un certain degré de civilisation et de bien-être ; il n'y a guère que les pauvres qui aient beaucoup d'enfants. D'autre part, il y a sur le globe de vastes terres insuffisamment peuplées qui sont une ressource pour la population surabondante de l'Europe et de l'Asie ; et d'ailleurs, nos procédés de culture sont encore bien imparfaits. Le globe devrait avoir cinq ou six fois plus d'habitants pour arriver à la densité de la France, en ne tenant compte que des terres habitables; mais, mieux cultivé, il peut en nourrir bien davantage. « L'homme porte avec lui la fertilité ; partout où il paraît, l'herbe pousse, le blé germe. Si l'on pouvait imaginer un jour où toutes les parties du globe seraient habitées, l'homme obtiendrait de la même surface dix fois, cent fois, mille fois plus qu'il n'en recueille aujourd'hui. De quoi, en effet, peut-on désespérer quand on le voit créer de la terre végétale sur les sables de la Hollande !... » (Thiers.)

Nous n'avons donc aucune inquiétude à avoir pour plusieurs siècles, et probablement le danger redouté n'existera jamais. En tout cas, de nos jours, la richesse croît plus vite que la population dans les pays civilisés, et ce dont nous avons lieu de nous préoccuper en France, c'est bien plutôt de l'insuffisance du développement de notre population, à côté d'États sans cesse grandissants. La France et l'Allemagne avaient sensiblement le même nombre d'habitants en 1870 ; et aujourd'hui les Français sont 39 millions et les Allemands 60. Il y a là, dans l'état actuel du monde, un danger politique d'abord, un danger moral ensuite, la crainte que trop de bien-être ne rende le peuple efféminé.

L'accroissement trop rapide de la population, comme en Italie et en Allemagne, a par contre ses inconvénients. Il amène, par exemple, une baisse des salaires, conséquence de la loi de l'offre et de la demande. Dans ce cas, le remède tout indiqué c'est l'émigration.

2. — *Émigration et colonisation.* — Lorsque la population devient trop nombreuse sur un point, elle émigre dans les pays voisins plus riches ou moins peuplés, ou va au loin fonder des colonies qui seront dans l'avenir une source de richesse pour la mère patrie.

L'émigration a pour cause principale l'insuffisance des moyens d'existence qui détermine une partie des habitants d'un pays à aller s'établir dans un autre où, les capitaux étant plus abondants que les bras, ils ont la perspective d'une existence plus facile. C'est ainsi que de nombreux étrangers — 1 200 000 environ — vivent en France où ils compensent heureusement l'insuffisance de notre natalité. C'est un bien pour la France, puisqu'ils lui fournissent une main-d'œuvre plus abondante ; c'est également un bien pour leur propre pays qui est débarrassé ainsi d'un trop-plein de population qui serait voué à la misère. Aussi, les lois ne doivent pas empêcher, mais au contraire favoriser et l'émigration et l'immigration. L'émigration peut encore être déterminée par des raisons politiques ou religieuses, comme celles qui ont décidé les Anglais du XVIIe siècle à aller s'établir aux États-Unis. Elle est enfin facilitée de nos jours par l'abondance et la facilité des moyens de communication, et aussi par les relations plus cordiales qu'entretiennent les peuples.

Quand elle se porte vers des pays nouveaux, l'émigration reçoit le nom de *colonisation*, et elle est également un bien. Elle assure aux émigrants un sort plus heureux et procure un supplément de richesse à la mère patrie, en créant des débouchés nouveaux à son commerce et à son industrie, car les émigrants sont les meilleurs des commis voyageurs. Ils sont utiles à leur patrie même lorsqu'ils vont s'établir sur des terres appartenant à un autre peuple ; mais ils le sont surtout lorsqu'ils vont fonder une nouvelle patrie sur un sol encore inoccupé. C'est pour cela que tous les peuples civilisés cherchent à créer des colonies pour leurs émigrants. L'Angleterre et la France ont de nombreuses colonies dans toutes les parties du monde. C'est une des causes principales de leur puissance et de leur richesse. L'Allemagne, qui n'en possédait pas naguère, fait tous ses efforts pour en fonder aujourd'hui ; et il n'est pas jusqu'à la Russie et aux États-Unis, bien que les terres ne soient pas à la veille de leur manquer chez eux, qui ne se préoccupent de la colonisation.

3. — *Le paupérisme.* — La misère a des causes multiples, les accidents, les infirmités, les vices. La charité privée et la charité publique s'efforcent de la soulager; mais elles doivent le faire avec intelligence et s'attacher moins à secourir les pauvres qu'à les mettre en état de se passer de secours.

A la question de la population se rattache celle du paupérisme, c'est-à-dire de la présence d'un grand nombre de pauvres dans une société. Quoique moins angoissant qu'autrefois, car le nombre des pauvres a diminué considérablement par suite du développement de la richesse générale, le problème n'a pas cessé d'être d'actualité

La charité privée soulage la misère non seulement par des aumônes distribuées dans la rue et par des secours à domicile, mais au moyen de crèches, de maisons d'apprentissage, d'orphelinats, d'hospices, etc. Elle dépense chaque année plus de 20 millions à Paris et plus de 80 en France. C'est un des modes les plus légitimes et les plus utiles de distribution de la richesse ; mais elle demande à être faite avec discernement. L'assistance à l'enfance, à la maladie et à la vieillesse est de tout point recommandable ; mais il n'en est pas toujours de même de l'aumône dans la rue qui s'exerce trop souvent aux dépens des vrais pauvres, des « pauvres honteux », en faveur de la fainéantise et du vice habiles à exploiter la générosité des personnes charitables. Loin de guérir la misère, l'aumône la multiplie, parce que, comme on l'a dit, plus on arrose la mauvaise herbe, plus elle croît abondamment.

Si ingénieuse et si libérale qu'on la suppose, la charité privée manque de ressources pour faire face à tous les besoins. « Elle a un pain pour vous, elle vous l'offre de grand cœur ; mais si tous ceux qui la sollicitent lui présentent en même temps une femme et des enfants à nourrir, que peut la charité au milieu de ce flot d'indigents[1] ? » Force est donc à l'État d'intervenir. Non seulement c'est son devoir, mais « il est de l'intérêt de la société de n'avoir pas dans son sein une classe d'hommes désespérés » (Jules Simon), et pour cela d'aller au-devant de la misère mauvaise conseillère. Aussi, partout la charité légale est fortement organisée. Chez nous, le budget de l'*Assistance publique* atteint 250 millions. On peut regretter que les frais généraux en absorbent la plus grande partie, et que, malgré ses ressources abondantes provenant de son domaine d'une valeur de plus d'un milliard, des subventions de l'État, des départements et des communes, des impôts qui lui sont affectés, etc.,

1. Voir dans *les Grands Économistes*, p. 272 : Rossi, *Insuffisance de la charité.*

elle ne puisse secourir qu'insuffisamment ses 2 millions et demi de clients.

D'ailleurs, la charité publique, plus encore que la charité privée, n'est trop souvent qu'une prime à l'imprévoyance et à la paresse. « A Rome, dit Montesquieu, les hôpitaux font que tout le monde est à son aise, excepté ceux qui travaillent, excepté ceux qui ont de l'industrie, excepté ceux qui cultivent les arts, excepté ceux qui ont des terres, excepté ceux qui font le commerce. » En Angleterre, la *taxe des pauvres* établie au temps d'Elisabeth, en 1601, produisit des abus analogues. Elle secourait 1 300 000 individus, en 1833, et absorbait 215 millions, le sixième du revenu net foncier. Une loi de 1834 substitua aux secours en argent distribués à domicile des lieux d'asile, où l'indigent devait trouver ce qui est nécessaire à la vie en échange de son travail. Des 1 300 000 pauvres, 600 000 acceptèrent le joug nouveau des *workhouses ;* 700 000 préférèrent demander au travail libre ce qu'ils obtenaient auparavant de la charité officielle. Aussi bien, si les infirmes et les malades, si les enfants abandonnés surtout ont droit à l'assistance des municipalités ou de l'État, pour les adultes valides tous les économistes s'accordent à penser « qu'aucun plan pour les secourir ne mérite attention s'il ne tend à les mettre en état de se passer de secours ». D'ailleurs, ce n'est pas par la charité proprement dite qu'on parviendra jamais à supprimer le paupérisme, mais seulement au moyen des institutions de prévoyance dont nous nous sommes occupés au chapitre précédent.

CINQUIÈME PARTIE

L'ÉTAT & LES FINANCES PUBLIQUES

L'IMPÔT

Principales attributions de l'État. — Les dépenses publiques et les revenus publics. — L'impôt : contributions indirectes et impôts directs. — Le budget.

1. — *Attributions de l'État.* — L'État est l'association générale des citoyens. Il représente la nation avec son passé, son génie, sa gloire et ses destinées. Il a par suite à remplir une mission d'où dérivent ses attributions. Les unes sont *essentielles,* c'est le soin de veiller à la sécurité extérieure et d'assurer l'ordre à l'intérieur. Les autres, plus ou moins *facultatives* en vue du progrès, consistent à assurer certains besoins collectifs que l'initiative privée satisferait mal. On peut différer d'opinion dans tel ou tel cas particulier, mais il est certain que dans nos sociétés compliquées le rôle de l'État va sans cesse grandissant.

Aucune question n'est plus délicate et plus discutée que celle des attributions de l'État. Pour certains, les *Individualistes,* l'État est un mal, et ils veulent restreindre sa sphère d'action dans les limites les plus étroites possibles et le réduire au rôle de gendarme. Pour d'autres, les *Socialistes*, l'État est un bien, il est une sorte de Providence dont le devoir est d'assurer le bonheur de l'humanité ; aussi, pour eux, l'État n'a jamais assez d'attributions et ils lui sacrifient la liberté humaine[1].

La vérité, comme presque toujours d'ailleurs, se trouve dans un juste milieu entre ces opinions extrêmes. Accordons aux individualistes que l'idéal est que l'État se retire à mesure que les individus avancent, et qu'il doit travailler à se rendre inutile et préparer sa démission, comme dit Jules Simon. Encore ne doit-il pas la donner trop tôt. M. Leroy-Beaulieu, qu'on ne saurait regarder comme un interventionniste bien ardent, rapporte qu'un président de la Nouvelle-Grenade, en arrivant au fauteuil, imbu des pures doctrines individualistes, annonça que désormais l'État ramené à son véritable rôle laisserait tout à l'initiative individuelle. Or, qu'arriva-t-il ? « Au bout de peu de temps, les routes étaient rompues, les ports ensablés, la sécurité anéantie, l'instruction aux mains des moines, c'est-à-dire réduite à rien. C'était le retour à l'état naturel et à la forêt primitive. »

Tout d'abord, l'État a un devoir de protection qui est indiscutable : « Supprimez par la pensée le gouvernement, dit Rossi, supprimez la justice sociale, supprimez la force publique, et dites ce que deviendrait le travail des sociétés civiles. Il faut bien que celui qui a fabriqué un chapeau reconnaisse que le gendarme qui passe dans la rue, que le juge qui siège sur son tribunal, que le geôlier qui reçoit un malfaiteur et le garde en prison, que l'armée qui défend la frontière contre les invasions de l'ennemi, contribuent à la production. Ces moyens étant supprimés, il lui serait difficile de fabriquer des chapeaux, et s'il avait la bonhomie d'en faire, il ne trouverait que trop de personnes disposées à les lui enlever sans payement[2]. »

Du reste, sans avoir besoin de nous reporter aux épo-

---

1. Voir plus haut, p. 75.

2. Voir dans *les Grands Économistes*, p. 270 : *l'État est un agent actif du progrès.*

ques de barbarie où chacun se faisait justice soi-même, nous avons sous les yeux l'exemple d'un pays où les choses se passent ainsi. « En Turquie, l'État ne fait rien, les caisses étant vides ; mais il est imprudent d'aller, sur place, constater les bienfaits du système. » (De Laveleye.)

Il est vrai, par contre, que parfois l'État s'acquitte mal de ce qu'il entreprend. Ses fonctionnaires ne sont pas stimulés par l'intérêt personnel, et il est en butte à trop de sollicitations auxquelles il ne sait pas résister. Aussi peut-on encore accorder que l'État ne doit pas entraver l'initiative privée et intervenir dans ce que l'individu peut faire, soit isolément, soit par l'association. Mais ce qui rentre dans les attributions de l'État, c'est d'un mot « tout ce qu'il est désirable qui soit fait dans l'intérêt général de l'humanité ou des générations futures, ou dans l'intérêt des membres de la société sans être de nature à rémunérer les particuliers ou les sociétés qui l'entreprendraient » (Stuart Mill).

De là, pour l'État, non seulement l'obligation d'assurer à tous une bonne justice et de protéger les faibles, de surveiller, par exemple, le travail des enfants ; mais aussi le droit d'expropriation pour cause d'utilité publique, le devoir de prendre des mesures hygiéniques en temps d'épidémie, de veiller au régime des eaux et à la conservation des forêts, d'entreprendre certains travaux publics et d'assurer certains services, comme l'instruction publique et l'assistance publique, etc. Il doit même intervenir dans certains actes de l'initiative privée, ne serait-ce que pour l'éclairer. Ainsi, pour les institutions de prévoyance, il doit d'abord éclairer les individus par la publication de renseignements et de documents statistiques dont seul il possède les éléments ; mais, en outre, comme ces institutions demandent une sécurité absolue et s'adressent aux classes les plus pauvres et aussi les plus ignorantes, et partant les plus accessibles aux séductions et aux mensonges de la spéculation, son intervention est non seulement légitime, mais nécessaire.

On ne saurait assigner de limite précise à l'action

de l'État. A mesure que la civilisation progresse, de nouveaux besoins surgissent, et de nouveaux devoirs s'imposent à lui. « A plus de vie, il faut plus d'organes, à plus de force, plus de règles ; or, la règle et l'organe d'une société, c'est l'État. » (Dupont-White.) Ainsi, l'action de l'État se modifie sans cesse, mais elle ne disparaît pas ; au contraire, son développement est parallèle au perfectionnement de la société. « Là, où l'individu fait peu, l'État fait encore moins, et là, où l'activité individuelle est vigoureuse, c'est là aussi que s'affirme l'action des pouvoirs publics. Aujourd'hui, l'expérience a montré que le prétendu antagonisme entre les deux facteurs sociaux n'existe pas.... Nulle part, l'association libre, sous sa triple forme de Trade-Union, de Société coopérative, de Société de secours mutuels, ne s'est développée avec autant d'ampleur qu'en Angleterre, mais nulle part aussi l'intervention législative dans le domaine social n'a été plus active et plus continue[1]. » L'État n'est pas et ne peut pas être le même partout, et la même règle ne saurait convenir aux Français, aux Russes et aux Chinois

2. — *Dépenses publiques et revenus publics.* — **Les attributions de l'État l'obligent à des dépenses nombreuses auxquelles il fait face avec ses revenus particuliers et surtout au moyen de l'impôt.**

Les dépenses et les revenus publics comprennent en réalité les dépenses et les revenus de l'État, des départements et des communes ; mais généralement, on n'entend parler que du budget de l'État qui est, d'ailleurs, de beaucoup le plus considérable.

Pour remplir ses attributions si nombreuses, comme nous venons de le voir, et qui augmentent toujours, l'État est obligé à de grosses dépenses, qui elles aussi vont sans cesse croissant. Il a, pour y faire face, les revenus du domaine public, forêts domaniales, domaine, etc.,

1. M. Gide, *Économie sociale*, p. 52.

mais ils sont bien peu de chose. Aussi est-il obligé de recourir de façon régulière à l'impôt, et, en outre, dans certains cas, à l'emprunt ; mais il ne doit le faire qu'exceptionnellement, lors d'une guerre, par exemple, ou pour l'exécution de grands travaux publics dont bénéficieront les générations futures.

Nous verrons que les principales recettes de l'État sont produites en France par les impôts indirects. Quant aux dépenses, la plus grosse part est affectée au service de la dette, environ 1 250 millions, soit le tiers de nos dépenses, et aux ministères de la Guerre et de la Marine, environ un milliard. Chacun de ces deux chapitres égale presque à lui seul tous les autres services publics réunis, dont le mieux doté, celui de l'Instruction publique ne représente que 8 % des dépenses totales.

3. — *L'impôt.* — L'impôt est la quote-part que chacun doit supporter dans les dépenses de l'État. C'est en quelque sorte le prix des avantages que procure la société. Par conséquent, tous les citoyens doivent payer l'impôt, et le devoir du gouvernement est de l'établir de la façon la plus modérée et la plus équitable possible.

Nul ne doit être dispensé de l'impôt, c'est un principe indiscutable et celui qui se soustrait au payement de sa part des dépenses communes commet un vol envers la communauté[1]. Mais il s'agit d'établir quelle est la part due par chacun. L'équité voudrait qu'elle fût proportionnelle aux avantages qu'il retire des dépenses de l'État, comme cela arrive pour les postes ; mais ce système est d'une application impossible. Alors on frappe les contribuables proportionnellement à leurs revenus, parce qu'on suppose, quoique ce ne soit pas rigoureusement exact, qu'ils bénéficient dans la même proportion des services rendus par l'État. On demande,

---

1. Voir dans *les Grands Économistes*, p. 69 : FRANKLIN, *De la contrebande.*

par exemple, 100 francs à celui qui a 1 000 francs de revenu, 1 000 francs à celui qui a 10 000 francs, et 10 000 francs à celui qui a 100 000 francs. C'est là *l'impôt proportionnel* qui est appliqué presque partout.

Certains, considérant l'impôt comme un sacrifice, proposent, pour rendre le sacrifice égal, d'exiger un tant pour cent d'autant plus élevé que le revenu est plus considérable. Pour un revenu de 1 000 francs on payerait, par exemple, 5 %, soit 50 francs; pour 10 000 francs, 10 % ou 1 000 francs, et pour 100 000 francs, 15 %, soit 15 000 francs. C'est ce qu'on appelle *l'impôt progressif*[1]. Les républiques antiques, Athènes et Rome, l'avaient établi ; la Révolution française l'essaya aussi, puisqu'elle taxait un domestique mâle à 3 francs, un second à 6 francs et les autres à 12 francs. De grands esprits, comme Montesquieu et J.-B. Say, l'ont admis ; et enfin, les démocraties contemporaines songent à le réaliser. Malheureusement il est dangereux, et surtout dans les démocraties, où la loi est faite par le nombre; il est d'ailleurs difficile à établir d'une façon équitable. Nous en avons la preuve à Paris où il existe sur les loyers. On frappe un appartement de 1 500 francs de loyer, occupé par une famille de sept personnes, d'un taux plus élevé que celui de 1 200 francs, occupé par un ménage sans enfants. Pour que l'impôt progressif fût acceptable, et alors il le serait, il faudrait d'abord en exempter un certain chiffre choisi comme minimum[2], représentant ce qui est nécessaire à la vie et par suite variable suivant les charges de chacun, puis taxer le surplus d'après une progression modérée.

Nouvelle difficulté : l'impôt doit-il être unique ou multiple ? L'*impôt unique* est très séduisant au premier abord. L'État a besoin de 3 milliards et demi, et le revenu de la nation est estimé à 35 milliards ; rien ne semble plus

1. Voir dans *les Grands Économistes*, p. 291 : THIERS, *Impôt proportionnel et impôt progressif*.

2. *Idem*, p. 384, extrait de STUART MILL.

simple que de demander à chacun 10 % de son revenu. Mais en réalité, il est bien difficile de connaître le revenu de chacun : il faut ou recourir à une inquisition vexatoire, ou se contenter d'une déclaration, source de fraudes dont la conséquence est de faire taxer davantage les plus honnêtes.

D'ailleurs, on peut tout d'abord se demander, et on l'a fait, s'il faut prendre comme base de l'impôt le capital ou le revenu[1]. L'*impôt sur le capital* est difficile à défendre, car il n'est pas juste de dispenser de l'impôt nombre de citoyens qui n'ont pas de capitaux et qui néanmoins réalisent des gains professionnels considérables. La principale source de revenu, du reste, ne réside pas dans les capitaux : on estime à 35 milliards le revenu de la France et son capital atteint à peine 250 milliards, qui à 4 % ne représentent qu'un revenu de 10 milliards. L'impôt, dans notre supposition, en prendrait plus du tiers, et probablement bien davantage pour les capitaux immobiliers, car les autres fuiraient à l'étranger.

Bien qu'il soit difficile de connaître le revenu de chacun, l'*impôt sur le revenu* ne prête pas aux mêmes critiques. Il est de tous les impôts celui qui paraît s'éloigner le moins de la perfection, et l'on pourrait l'admettre, même progressif avec modération, pourvu : 1° qu'il ne frappe pas du même taux les revenus réels et permanents et les revenus personnels et temporaires : « Quiconque gagne un revenu comme artisan, comme négociant, ou comme industriel par un travail quotidien, un revenu qui risque d'être diminué du jour au lendemain, qui ne peut être transmis à ses enfants, celui-là est injustement imposé quand il doit payer autant que celui qui n'a qu'à prendre ses ciseaux pour détacher ses coupons d'intérêts, ou à écrire une quittance de loyer pour toucher ses fermages » (Bismarck); 2° qu'il soit un impôt complémentaire, « un correctif aux impôts indirects » et non

1. Voir dans *les Grands Économistes*, p. 426, un extrait de J. GARNIER.

un impôt unique. Il est très difficile, en effet, de savoir en définitive sur qui retombe le poids d'un impôt, ce qu'on appelle l'*incidence de l'impôt*. On n'est jamais sûr quand on établit une taxe que ce sont bien ceux qu'on veut atteindre qui sont frappés. Tout impôt peut donc être un impôt inique, ce qui est particulièrement grave avec l'impôt unique[1].

Aussi a-t-on recours partout à des impôts multiples qui se servent de correctifs les uns aux autres ; et d'ailleurs, en frappant toutes les sources de revenus pour atteindre la richesse dans toutes ses manifestations, on fractionne pour ainsi dire la charge de l'impôt qui est en partie dissimulée et semble plus supportable.

Reste à choisir entre les *impôts directs* et les *impôts indirects*, et à décider d'après quel système on les percevra. Aura-t-on recours à des *impôts de répartition*, c'est-à-dire pour lesquels l'État indique à l'avance la somme qu'il veut obtenir, et qui est ensuite répartie entre les contribuables ? C'est le cas, chez nous, pour l'*impôt foncier*, réparti d'abord entre les départements, puis entre les arrondissements et les communes et enfin entre les propriétaires fonciers de chaque commune. Très juste en principe, cet impôt ne l'est pas en réalité : d'abord, il a été impossible d'appliquer dans toute la France le même taux d'évaluation, de sorte que certains départements ne payent que 3 %, tandis que d'autres sont taxés à 10 % ; ensuite, il faudrait procéder à la revision fréquente du cadastre, grosse dépense, de plusieurs centaines de millions. Notre cadastre a été établi de 1808 à 1850 ; or, que de changements depuis dans la valeur respective des propriétés ! Préférera-t-on, au contraire, les *impôts de quotité* par lesquels la loi demande à chacun un tant pour cent, comme pour l'impôt de 4 % sur les

1. Voir dans *les Grands Économistes*, p. 63, la spirituelle critique que fait VOLTAIRE de cet impôt. On peut aussi consulter la table analytique, au mot *impôt*, pour diverses autres questions intéressantes, notamment l'*assiette de l'impôt*.

valeurs mobilières ? Dans ce cas, la recette est aléatoire, mais on a l'avantage de suivre les progrès de la richesse publique.

Quel que soit le système adopté, l'impôt n'en est pas oins une charge, et une lourde charge pour les contribuables. Aussi n'est-il légitime que lorsqu'il s'applique à la satisfaction de besoins réels, et doit-il être établi de la façon la plus équitable et la moins incommode possible[1]. La perfection ne peut pas être atteinte ; mais on évite du moins les trop grandes injustices et les trop grandes inégalités en combinant les divers systèmes et en recourant à des taxes nombreuses et de toute nature.

4. — *Impôts directs*[2]. — On les appelle ainsi parce qu'ils frappent directement ceux qu'on veut atteindre. Ils sont prélevés sur les personnes, sur la possession ou la jouissance de la richesse. Nos impôts directs sont les quatre grandes contributions : impôt foncier, impôt personnel et mobilier, impôt des portes et fenêtres et des patentes. Il faut y joindre l'impôt de 4 o/o sur les valeurs mobilières et les droits sur les successions et les donations.

Sans entrer dans plus de détails, disons seulement que ces impôts qui sont les plus équitables en principe ne le sont pas en réalité. Nous l'avons montré pour l'impôt foncier. L'impôt mobilier n'est pas plus juste, puisqu'il frappe le loyer, regardé comme l'indice du revenu, sans tenir compte du nombre des enfants. Il en est de même de l'impôt des patentes, qui est une taxe sur les bénéfices présumés du commerce et de l'industrie ; or il n'est pas rare que telle petite boutique

1. Voir dans *les Grands Économistes*, p. 120 : ADAM SMITH, *Règles générales pour l'assiette de l'impôt.*

2. Consulter, pour plus de détails sur tout ce qui suit, le *Traité pratique de Droit usuel* de MM. G. LAMY et G. MAYRARGUE, ch. XI ; *le Budget et les impôts*, pp. 118 à 134. Alcide Picard, éditeur.

réalise plus de bénéfices qu'une grande. Quant à l'impôt des portes et fenêtres, il n'est pas défendable, car il est antihygiénique, et il ne tardera sans doute pas à disparaître.

Ces impôts, du reste difficiles à percevoir sur les très petits contribuables, sont peu productifs. Aussi ne fournissent-ils qu'une faible partie de nos ressources budgétaires, le quart seulement. Nos quatre grandes contributions ne représentent même que 15 % du total de nos impôts.

5. — *Impôts indirects.* — Ce sont ceux qui ne sont pas demandés directement à la personne. Ils sont perçus à l'occasion d'un acte du contribuable, d'une consommation. Ils se divisent en quatre catégories : les impôts de consommation, les douanes, les droits de timbre et d'enregistrement et les produits des monopoles de l'État : postes et télégraphes, tabac, allumettes et poudre. Les impôts indirects fournissent au budget les trois quarts de ses ressources.

Les impôts indirects ont des défauts de toutes sortes. Ils frappent tout le monde sans avoir égard aux facultés de chacun, car le riche ne dépense pas beaucoup plus de sel, de pétrole, ni même de sucre que le pauvre ; et ils ne peuvent guère, du reste, tenir compte que de la quantité et non de la qualité des produits. Certains sont défendables, ceux qui frappent les objets de luxe : l'impôt sur le tabac, par exemple, ou sur l'alcool est excellent ; mais il n'en est pas de même des impôts sur les denrées indispensables, et c'est pour cela qu'on en exempte le blé. Ils présentent d'ailleurs un grand danger : comme ils sont facilement acceptés, l'État peut être tenté de les multiplier, ce qu'il ne peut faire avec les impôts directs qui, s'ils sont plus brutaux, ont du moins le mérite de la franchise[1].

---

1. Voir dans *les Grands Économistes*, p. 469 : LÉON SAY, *Comparaison de l'impôt direct et de l'impôt indirect.*

Ils sont en revanche très productifs et les gouvernements modernes obligés à tant de dépenses ne sauraient s'en passer. D'ailleurs, si c'est un danger, c'est aussi un mérite d'être payés pour ainsi dire sans qu'on s'en aperçoive; et puis, leur rendement va en augmentant avec la richesse et la consommation nationale. Aussi sont-ils les impôts préférés des peuples civilisés ; « On mesure presque les nations, disait M. Thiers en 1872, à la part que l'impôt de consommation a chez elles. Si vous allez de la Turquie à l'Angleterre, vous verrez, pour ainsi dire, l'échelle de la civilisation marquée par ceci : plus on a d'impôts directs et moins on a une place élevée dans les sociétés civilisées ; plus on a d'impôts de consommation, plus on a une place élevée dans les sociétés civilisées. »

Assurément, il n'en sera pas toujours ainsi. Il est même à peu près certain que l'inverse arrivera un jour, car les impôts indirects ne répondent ni à l'idéal de la justice, ni aux exigences de la science économique. Dès aujourd'hui déjà, on réclame un *impôt complémentaire sur le revenu,* dont nous avons parlé, qui serait un impôt direct par excellence. En attendant, la vraie réforme de l'impôt serait l'économie, la diminution des dépenses, permettant de dégrever ou même de supprimer les impôts les plus mauvais.

6. — *Impôts départementaux et communaux.* — Aux impôts perçus par l'Etat, il faut ajouter les taxes des départements et des communes : centimes additionnels aux impôts directs, prestations sur les chemins vicinaux et octrois, qui représentent environ 1 500 millions.

Les centimes additionnels doublent à peu près la charge des impôts directs. Les prestations, qui rappellent quelque peu la corvée[1], sont appelées à disparaître, du moins sous leur forme actuelle ; les communes ont obtenu la

1. Voir dans *les Grands Économistes,* p. 139 : TURGOT, *Inconvénients de la corvée.*

faculté — et beaucoup en usent — d'en répartir le montant en centimes additionnels aux quatre contributions, applicables à la vicinalité. Il serait désirable également de voir disparaître les *octrois*, qui sont de beaucoup les plus importants et les plus critiquables des impôts communaux. Perçus sur les objets de consommation courante, ils frappent lourdement la classe ouvrière ; ils sont souvent vexatoires, et d'ailleurs, leur perception très onéreuse absorbe quelquefois les trois quarts du produit. Aussi quelques municipalités les ont supprimés et remplacés par d'autres taxes qui ne laissent pas non plus de présenter parfois bien des inconvénients. C'est pourquoi l'économie ne s'impose pas moins aux communes qu'aux États. En France notamment, chaque habitant supporte une charge de 130 francs, c'est-à-dire beaucoup plus que dans n'importe quel autre pays, ce qui est une supériorité peu enviable.

7. — *Le budget.* — Le budget est l'état détaillé des dépenses et des recettes. Chaque année le gouvernement le dresse, et la Chambre des députés, puis le Sénat le discutent et le votent. Un budget doit être clair, exact et exempt de déficit.

Les différents ministres préparent le budget de leur département d'après les prévisions de recettes et de dépenses fondées sur les résultats de l'année précédente et sur les projets de changements qu'on peut avoir ; et après discussion et entente au Conseil des ministres le *projet de budget*, divisé en chapitres, est soumis à la Chambre des députés. Celle-ci nomme une grande commission de trente-trois membres, la *Commission du budget*, qui choisit dans son sein une sous-commission et un rapporteur spécial pour chaque ministère. Chaque rapport est discuté d'abord en sous-commission, puis en réunion plénière ; et pendant ce temps tout député peut, sous forme d'amendements, demander des retranchements ou des additions qui sont également discutés. Le travail de la commission du budget achevé et résumé dans un rapport général, commence le travail de la Chambre qui passe longuement en revue, chapitre par chapitre, d'abord les dépenses, puis les recettes. Les ministres et tous les auteurs d'amendements en appellent à la Chambre des décisions de la Commission du budget, et c'est à la Chambre d'accepter ou de réformer ces décisions. Le budget arrive enfin au Sénat qui procède de la même manière que la Chambre. En cas de désaccord, le budget revient à la Chambre, puis retourne au Sénat, et ce n'est qu'après accord définitif que le projet de budget, promulgué par le président de la République, devient la *loi de finances* qui est insérée au *Journal officiel* et au *Bulletin des lois*. « C'est son acte de naissance ; sous ce nouveau nom, le budget aura à parcourir sa carrière, qui est d'une année, et avant son acte de décès — cet acte s'appelle « le Règlement définitif » — il aura donné bien des préoccupations et bien du travail à toute une légion de fonctionnaires[1]. »

Les prévisions ne sauraient tout prévoir. Pour les dépenses imprévues, les Chambres votent des *crédits supplémentaires*, s'il s'agit de l'augmentation d'une dépense prévue, et des *crédits extraordinaires*, si la dépense n'avait pas été prévue. De même, quand certains chapitres ne sont pas dépensés en entier, le reliquat, à la fin de l'*exercice*, c'est-à-dire de l'année, est rayé du budget des dépenses.

Le règlement définitif n'a lieu que plus tard, après examen des comptes de tous les comptables publics par la *Cour des Comptes*. Lorsque les dépenses ont dépassé les recettes, on dit que le budget est en *déficit*. Le déficit est malheureusement loin d'être l'exception. En France, de 1815 à 1891, trois budgets seulement se sont soldés en bénéfice, ceux de 1820, de 1821 et de 1826. Et il en est de même dans tous les pays.

Budget veut dire petite bourse, mais elle est partout devenue bien grosse aujourd'hui la petite bourse commune

1. Voir dans *les Grands Économistes*, p. 448 : MAURICE BLOCK, *De la formation du budget*.

de la nation, par suite des besoins toujours croissants des États. Chez nous, le premier milliard a été dépassé sous Louis-Philippe ; en 1870, le budget atteignait 2 milliards et demi ; après la guerre, il dépassa 3 milliards, et le projet de budget pour 1906 s'élève à 3 milliards 700 millions.

Malgré l'accroissement de la richesse publique, les États n'ont pu faire face à leurs dépenses qu'au moyen d'emprunts. De là, des *dettes* énormes. Celle de la France, de moins de 2 milliards en 1815, passa alors à 3 milliards et demi, et toujours croissant elle atteignit 6 milliards et demi en 1848, 11 milliards et demi en 1868, et 26 milliards après la guerre de 1870-71. Aujourd'hui, elle dépasse 30 milliards. Et chose triste à dire, cette dette est due presque tout entière à la guerre et à la « paix armée ». Quelques milliards seulement, quatre ou cinq au plus, ont pour origine de grands travaux ou des améliorations matérielles.

Si l'on y ajoute les dettes des départements et des communes, on arrive au chiffre formidable de 35 milliards, le plus fort qui ait jamais été atteint. La situation n'est pas désespérée assurément. La France, avec son revenu de 35 milliards et sa fortune estimée à 250 milliards, se trouve dans la situation d'un particulier qui posséderait 250 000 francs et qui ayant un revenu de 35 000 francs aurait contracté une dette de 35 000 francs. Mais elle est grave, et il est temps de songer sérieusement à enrayer le mal par des économies permettant de consacrer chaque année une partie de nos revenus à l'amortissement de notre dette[1].

RF

1. Voir plus haut, p. 130.

INDEX ALPHABÉTIQUE

(*Les chiffres en italiques renvoient aux notes*)

TABLE DES MATIÈRES

TROISIÈME PARTIE. — LA CIRCULATION.

QUATRIÈME PARTIE. — LA CONSOMMATION.

RF

PARIS. — Imprimerie ALCIDE PICARD, 194, rue de Tolbiac. — 2-1906. K. P.

A LA MÊME LIBRAIRIE

PAUL BEAUREGARD
Membre de l'Institut, Professeur d'Economie politique
à la Faculté de Droit de Paris

ÉLÉMENTS D'ÉCONOMIE POLITIQUE
à l'usage des Étudiants en Droit et des Élèves des Écoles de Commerce
1 volume in-8° écu, broché 5 francs; relié pleine toile...... 5 50

XAVIER TRENEY
Agrégé de l'Université, Professeur au Lycée Janson-de-Sailly et à l'École Coloniale, Examinateur à l'Ecole des Hautes Études Commerciales

LES GRANDS ÉCONOMISTES DES XVIIIe & XIXe SIÈCLES
1 vol. in-8° écu, avec portraits, broché 4 fr.; relié pl. toile. 5 50

F. ALENGRY
Docteur en droit, Docteur ès lettres, ancien professeur agrégé de philosophie, Inspecteur d'Académie

Précis de Droit usuel (Droit public. Droit civil)
1 volume in 12 de 570 pages, relié toile rouge, titre or.... 4 »

G. LAMY
Ancien Inspecteur d'Académie

G. MAYRARGUE
Avocat du Barreau de Nice

Traité pratique de Droit usuel (Droit public. Droit civil. Economie politique)
1 volume in-12, relié pleine toile souple.................... 2 60

G. LAMY
Ancien Inspecteur d'Académie, Professeur au Lycée Carnot

Éléments d'Éducation civique et sociale (Droit public)
1 volume in-12, cartonné.................................... 1 20

J. VAUDOUER
Professeur au Lycée Fénelon

L. LANTOINE
Professeur au Lycée Racine

La Philosophie morale au XVIIIe siècle
Pages choisies des grands Moralistes
1 volume in-12, cartonné.................................... 1 50

La Philosophie morale au XIXe siècle
Pages choisies des grands Moralistes
1 volume in-12, cartonné.................................... 1 50

A LA MÊME LIBRAIRIE

FRÉDÉRIC PASSY
Membre de l'Institut

LES CAUSERIES DU GRAND-PÈRE

1 volume in-18, broché 1 fr. 50; relié pleine toile........ 2 »

Mlle VARENNE
Institutrice

Pour l'Ouvrière (Éducation sociale de la Femme)

1 volume in-18, broché 1 fr. 50; relié pleine toile.. .... 2 »

F. GACHE
Professeur de l'Université

LA RHÉTORIQUE DU PEUPLE

La Lettre, la Conversation et le Discours public. — Lettre de M. Léon Bourgeois. — Préface de M. A. Benoist.

1 volume in-12, broché, 1 fr. 50; relié pleine toile....... 2 »

F. GACHE
Professeur de l'Université

LA PHILOSOPHIE DU PEUPLE

L'Hygiène, l'Habitation, l'Économie domestique, le Mariage, la Souffrance et la Mort. — Preface de M. Gabriel Séailles.

1 volume in-12, broché 1 fr. 50; relié pleine toile......... 2 »

F. GACHE
Professeur de l'Université

L'ÉDUCATION DU PEUPLE

Le Nouveau Né, l'Enfant, l'Adolescent. — Préface de M. F. Buisson.

1 fort volume in-12, broché 3 fr. 50; relié pleine toile.... 4 »

ÉDOUARD PETIT
Inspecteur général de l'Instruction publique

L'ÉCOLE DE DEMAIN

1 volume in-12, broché 4 francs; relié pleine toile......... 4 50

L. LE CHEVALLIER
Agrégé de Philosophie, Inspecteur d'Académie

L'IDÉAL MORAL

Lectures, Récits, Entretiens méthodiques propres à fortifier les sentiments favorables au développement moral et à combattre les tendances contraires.

1 volume in-18, broché 2 fr. 25; relié toile souple, titre or. 2 60

IMPRIMERIE ALCIDE PICARD,

10[illegible], Rue de Tolbiac, Paris

www.ingramcontent.com/pod-product-compliance
Ingram Content Group UK Ltd.
Pitfield, Milton Keynes, MK11 3LW, UK
UKHW022101260726
13993UKWH00001B/263

9 782019 703165